Pergunte a

DEEPAK CHOPRA

SOBRE AMOR &
RELACIONAMENTOS

Pergunte a

DEEPAK CHOPRA

SOBRE AMOR &
RELACIONAMENTOS

TRADUÇÃO
Doralice Xavier

1ª edição

Rio de Janeiro | 2014

CIP-BRASIL. CATALOGAÇÃO NA PUBLICAÇÃO
SINDICATO NACIONAL DOS EDITORES DE LIVROS, RJ

C476p
Chopra, Deepak, 1946-
Pergunte a Deepak Chopra sobre amor e relacionamentos / Deepak Chopra; tradução: Doralice Xavier. – 1. ed. – Rio de Janeiro: Best*Seller*, 2014.
(Pergunte a Deepak Chopra ; 1)

Tradução de: Ask Deepak About Love & Relationships
ISBN 978-85-7684-774-8

1. Relações humanas. 2. Relações interpessoais. 3. Sexo. 4. Comportamento sexual. 5. Casamento. 6. Amor. I. Título. II. Série.

CDD: 306.7
14-10745
CDU: 392.6

Texto revisado segundo o novo Acordo Ortográfico da Língua Portuguesa.

Título original
ASK DEEPAK ABOUT LOVE & RELATIONSHIPS
Copyright © 2013 by Deepak Chopra
Copyright da tradução © 2014 by Editora Best Seller Ltda.

Publicado mediante acordo com The Chopra Center, 2013 Costa Del Mar, Carlsbad, CA 92009, USA.

Capa: Marianne Lépine

Todos os direitos reservados. Proibida a reprodução, no todo ou em parte, sem autorização prévia por escrito da editora, sejam quais forem os meios empregados.

Direitos exclusivos de publicação em língua portuguesa para o Brasil adquiridos pela
EDITORA BEST SELLER LTDA.
Rua Argentina, 171, parte, São Cristóvão
Rio de Janeiro, RJ – 20921-380
que se reserva a propriedade literária desta tradução

Impresso no Brasil

ISBN 978-85-7684-774-8

Seja um leitor preferencial Record.
Cadastre-se e receba informações sobre nossos lançamentos e nossas promoções.

Atendimento e venda direta ao leitor
mdireto@record.com.br ou (21) 2585-2002

Sumário

Introdução — 7

1 Início dos relacionamentos — 11

2 Sexualidade — 33

3 Casamento — 59

4 Fim dos relacionamentos — 89

5 Família — 115

6 Criação dos filhos — 157

7 Puro amor — 179

Introdução

Será que a vida teria algum mistério se não existisse o amor? Acho que o amor é *o* mistério que nos envolve de forma invisível. Conforme declarou o grande poeta indiano Rabindranath Tagore: "O amor não é apenas um impulso. Ele deve conter a verdade, que é lei." Nem todo mundo consegue encontrar palavras tão eloquentes, mas nosso desejo de amar e ser amado é, em seu poder, singularmente humano.

Em sua melhor atuação, o amor transforma a natureza humana. Ele traz ternura e afeição, e transforma a raiva em compaixão. Quando as pessoas em busca de conselhos fazem perguntas, os principais tópicos são o amor e os relacionamentos. E agora, pasme: apaixonar-se talvez seja a experiência mais profunda que qualquer um de nós pode ter — mas também a mais enigmática. Por que o amor pode causar tanta dor quando traz o êxtase? O que torna esse sentimento tão extremado, capaz de transformar-se em ódio e ciúme quando nos sentimos traídos?

Outras condições podem ser secundárias em nossa vida diária, mas quando se trata de amor, temos sempre a impressão de que está tudo em jogo. Nossos relacionamentos românticos e nossas ligações familiares são os mais fortes impulsionadores de nossas vidas. Essas conexões profundas com outros indivíduos às vezes podem parecer dominantes a ponto de nos causar extrema perplexidade. Por provocar a mais incrível felicidade, a experiência de amar sempre foi considerada a porta para uma realidade superior. No entanto, do ponto de vista espiritual, o amor não é apenas o sentimento de afeto por cônjuges, amigos e filhos. O amor é a nossa essência central.

Neste livro estão reunidas perguntas e respostas sobre todas as fases do amor. Para quase todos, o início de um relacionamento é o ponto de partida de uma jornada para toda a vida. Ele inicia o indivíduo numa experiência desconhecida; há uma fragilidade e uma insegurança exclusivas da intimidade sexual e da intimidade emocional. Nós nos dispomos a deixar cair a máscara de nossa identidade autoconfiante e segura do dia a dia porque o desejo de amar e ser amado é poderosíssimo. Se você realmente aprender com eles, os relacionamentos amorosos lhe darão amor gratificante e íntimo; sobre esse alicerce, as possibilidades de crescimento são infinitas. Essas ligações humanas, tanto frágeis quanto poderosas, fortalecem nossa natureza espiritual. Não existe um limite definido entre amar alguém e amar a alma dessa pessoa. No entanto, nos tempos modernos ocorreu uma grande inversão. Nas épocas passadas, a meta era o amor idealizado, fosse o amor sublimado por Deus, fosse uma conexão entre almas. Hoje as pessoas falam mais abertamente e se concentram com mais obsessão no lado material do amor, que é o sexo. Mais do que nunca somos francos sobre desejar uma parceria sexual saudável, já que o sexo permeia todos os recantos da cultura popular. Aqui, mais uma vez os limites não são fixos. Amar alguém sexualmente, com paixão e desejo, pode ser a expressão física do amor universal que liga espiritualmente duas pessoas. Nas duas situações existe uma união que transcende o ego. Naturalmente, à sua maneira, a sexualidade também nos deixa vulneráveis. Nós nos entregamos completamente a uma experiência sexual intensa que inclui nosso passado, nossa cultura, nossas necessidades e expectativas. Isso transforma o quarto de dormir num território traiçoeiro onde as inseguranças podem ser extremamente dolorosas. Porém, o quarto também é o lugar para a honestidade, onde nos damos conta da importância de sermos fiéis a nossos corações.

Na sociedade moderna, onde inúmeros fatores se combinam para aumentar o índice de divórcios, o próprio casamento gera inseguranças. Duas pessoas podem embarcar no casamento pelas mais diversas razões, relacionadas com quem são os envolvidos e de onde eles vêm. No Ocidente, muitos foram condicionados a acreditar que o casamento cresce a partir de uma parceria íntima já estabelecida. No Oriente, porém, casamentos arranjados são tradicionais e populares, e os indivíduos têm uma compreensão diferente do que leva um homem e uma mulher a se casar. A segurança econômica, os costumes familiares, as conexões conquistadas pelos pais dos dois envolvidos e o medo da solidão são uma parte importante desse complexo. Contudo, à parte as diferenças culturais, um número surpreendente de pessoas que escolhem se casar, em vez de adotar o caminho prático de simplesmente viver junto, o faz porque considera esse ato um sacramento. Ele representa uma união abençoada por Deus. Embora essa crença esteja em declínio, penso que outro tipo de sacramento permanece intacto: cultivar uma vida de amor abnegado com outra pessoa pode nos levar a uma compreensão de nosso verdadeiro ser.

Como você poderá ver neste livro, a maioria dos que fazem perguntas sobre o amor vem de situações de conflito e infelicidade. Por revelar nossa natureza essencial, o amor parece muito arriscado, e o sofrimento resultante da perda do amor pode parecer insuportável, como se a própria identidade do ser estivesse sendo destroçada. (Observe com que frequência alguém diz "não existo sem ela" ou "não consigo viver sem ele".) Principalmente quando a vida pessoal foi estruturada em torno da pessoa amada, o fim de um relacionamento parece arrancar tudo pela raiz. De maneira similar, também pode ser difícil perceber quando um relacionamento se esgotou. Nesses momentos, é importante sofrer e restaurar-se lembrando que o amor universal não pode ser destruído. Em seu sentido mais elevado, o amor não é pessoal. Como diz Tagore, com tocante simplicidade, em um de seus poemas:

> *Meu coração se quebra em ondas*
> *na praia do mundo*
> *e com lágrimas escreve o próprio nome*
> *nestas palavras:*
> *"Eu te amo."*

Os relacionamentos mais íntimos geralmente estão relacionados com a família — os pais, os filhos, os irmãos e as irmãs. Como não foram escolhidos por nosso ego, esses relacionamentos muitas vezes podem estar mergulhados em conflito. No entanto, a responsabilidade que sentimos uns pelos outros supera a razão. Como seres vivos, fomos feitos para amar.

Este livro explora perguntas de meus leitores sobre a natureza do amor em todas as dimensões que abordei. A busca pelo amor em todas as suas encarnações começa e termina no coração. Tentei responder nesse espírito, desejando livrar os indivíduos da dor e da perplexidade, porém, mais do que isso, procurando fazê-los ver a luz do amor como uma possibilidade eterna dentro deles mesmos.

Deepak Chopra

1
Início dos relacionamentos

AMOR SURPREENDENTE

Pergunta:
Tenho 24 anos e ainda não sei o que é viver um relacionamento romântico. Desde muito pequena, sempre fui muito introspectiva. Eu me lembro de me perder em especulações do tipo: Quem sou eu? O que sou sem o meu corpo? Sou composta de quê? Nunca fiz nada que não me parecesse correto do fundo do coração. Estou esperando e me guardando para o verdadeiro amor. Não necessariamente um casamento, mas um amor surpreendente. Nada parecido com um conto de fadas, mas um amor profundo e sólido. Todos me dizem que isso não existe e que eu preciso sair dessa. Eu me recuso a acreditar nisso! Não consigo admitir que seja assim. Estou idealizando o amor?

Resposta:
Creio que você esteja idealizando um pouco o amor, mas isso pode ser inevitável, porque você ainda não viveu um relacionamento romântico. Não se preocupe com isso. O amor que você sente em seu coração, em sua essência, é bastante real. Esse amor é o seu verdadeiro Ser, e isso não é uma fantasia ou um ideal. Essa plenitude do coração será

a base para um relacionamento amoroso intenso quando chegar o momento certo. Você não precisa transformar esse relacionamento em algo grandioso, basta cuidar de seu coração agora e deixar que o amor floresça a seu próprio tempo.

AMOR E COINCIDÊNCIA

Pergunta:
Durante toda a minha vida tenho sido tão avesso à religião e às coisas espirituais e tão a favor da ciência e da razão quanto possível. No entanto, tudo mudou quando comecei a me sentir profundamente apaixonado por uma garota, uma velha amiga por quem criei sentimentos intensos nos últimos anos. Mais ou menos na época em que notei os primeiros sinais de que estava amando, também passei a notar estranhas ocorrências. Por exemplo, eu podia estar pensando em como minha vida era solitária quando, sem mais nem menos, alguns de meus colegas mais próximos (que não chegam a ser meus amigos) apareciam à minha porta e me convidavam para sair com eles. Em outras ocasiões, parecia que o destino estava tentando me ensinar alguma lição. Outro dia mesmo eu pensava no medo e na impotência dos homens para combater seus demônios. Cheguei a uma conclusão que refletia a ideia do presidente Franklin D. Roosevelt: "Não há nada a temer senão o próprio medo." Menos de uma hora depois, meus colegas apareceram novamente e me sequestraram para passar a tarde com eles. Durante a tarde inteira, enfrentei meus piores demônios. Tenho medo dos elementos desconhecidos da natureza (bactérias, lagartas, cobras, essas coisas), mas logo estava atravessando um córrego com meus companheiros. Eu me sentia extremamente desconfortável

de nadar na frente de estranhos (tenho muita consciência do meu próprio corpo), porém mais tarde, na mesma tarde, fui empurrado para dentro de uma lagoa. Parecia que o destino decidira me ensinar o verdadeiro poder de minha compreensão.

Só mais tarde me ocorreu a ideia de que essas estranhas coincidências começaram a acontecer na época em que percebi que estava me apaixonando. O amor ou outras poderosas emoções humanas, às vezes irracionais, afetam a maneira pela qual o indivíduo percebe a realidade e as coincidências?

Resposta:
Com certeza o amor é um dos recursos favoritos da natureza para destroçar nossas visões e opiniões arraigadas e confortáveis. O amor desafia nossas crenças arrumadinhas sobre nosso isolamento e independência, e isso pode movimentar percepções poderosas e uma sequência de eventos que ponha abaixo barreiras, medos e padrões de pensamento obsoletos. Parece que você está começando uma aventura excitante e maravilhosa. Desfrute-a.

AMOR HUMANO

Pergunta:
Eu realmente preciso de amor humano. Estive num caminho espiritual durante muitos anos (discípula de Yogananda), e costumava pedir a Deus um parceiro espiritual. No início de minha jornada, tinha tanta confiança no sucesso de minha solicitação que fui para a Índia em peregrinação depois de fazer uma grande cirurgia na perna, e até mesmo comprei um sari de casamento. Essas duas ações não são sinal de fé e devoção?

Muitos dos meus conhecidos me disseram para ter amor por mim, mas eles não se amam e mesmo assim têm parceiros. Minha mãe era muito agressiva e me rejeitou desde que eu era pequena porque tenho um pequeno defeito físico.

Tenho procurado desesperadamente alguém que me ame. Tive vários namorados, mas com nenhum deles deu certo. Já fiz vários anos de terapia.

Resposta:

Pense no que você está realmente pedindo. Você diz que está procurando desesperadamente por alguém que a ame porque precisa de amor humano. Você teve namorados, mas não "deu certo" com eles. Você não quer se amar porque acha que outras pessoas não precisaram disso para encontrar o amor. Como demonstrou sua fé numa peregrinação e na compra de um sari e mesmo assim não conseguiu sentir Deus, você não quer procurar o amor por meio da busca de Deus no próprio coração.

Acho que você não está percebendo que, quando encontramos o amor com outro ser humano, na verdade estamos encontrando amor dentro de nós. Esse amor é o que você é, a forma como se ama, e essa é sua conexão com Deus. Se viver sua vida de acordo com o conceito de que o amor está à sua espera "lá fora", pronto para preencher o seu vazio, você se sentirá eternamente vazia e insatisfeita. Na verdade, você estará insistindo em permanecer numa vida sem amor porque se recusa a aceitar e encarnar o amor que você é.

Talvez você diga que os que têm parceiros não precisaram satisfazer esses altos padrões de amor espiritual para encontrar alguém que os ame e cuide deles, portanto, por que você deveria fazê-lo? Minha resposta a isso é que ninguém pode saber exatamente que tipo de amor os outros experimentam; cada um só pode saber o que experimenta e se está fazendo o possível para viver plenamente o próprio amor e a própria verdade. Para isso, você precisa mudar sua orientação, parando de se sentir mal sobre aquilo que acredita não ter, e começando a afirmar e a reivindicar o que você é: amor, alegria, sabedoria e paz.

Quando começar a levar sua vida em direção a essa realidade, descobrirá que o amor fluirá em sua direção, e fluirá de dentro de você em todas as direções.

BELEZA BOLLYWOODIANA

Pergunta:
Minha recente visita à Índia depois de ter vivido quatro anos no Canadá me causou muita depressão. Percebi como o povo daquele país é ignorante e intolerante. Estou cansada de ouvir minha avó dizer que sou feia e nunca vou conseguir um marido decente. Estou até mesmo pensando em fazer cirurgia plástica para melhorar algumas características do meu rosto e do meu corpo. É verdade que as colunas matrimoniais dos jornais estão cheias de anúncios procurando noivas altas, magras e bonitas. Sou muito baixa, escura e extremamente magra, com um rosto ossudo. Acho que depois que a Miss Índia ganhou alguns títulos internacionais, o país formou opiniões muito rígidas sobre beleza, considerando que ser bonita é ser alta, o que não acontecia antes. A mídia determinou que uma atriz de Bollywood é a mulher mais bonita, e os homens passaram a considerá-la a referência em termos de beleza. Todos querem se casar com a mais bonita, sem perceber toda a diferença que a maquiagem, um ângulo de câmera e alguns efeitos podem fazer. Acho que no

Ocidente os atores não são adorados da forma como acontece na Índia, e as pessoas têm opiniões diversas sobre o que é bonito ou atraente, em vez de seguirem uma tendência. Na verdade, no Ocidente vi muito pouca gente tão preocupada com beleza a ponto de rejeitar um possível parceiro por ser feio. Embora uma pele escura e bochechas afundadas possam ser marcas de beleza no Ocidente, é muito difícil explicar isso para minha avó, cujas opiniões refletem as da minha cultura e vêm me incomodando há algum tempo. Gostaria de conhecer sua opinião sobre a importância da beleza. Por que num país como a Índia, onde quase 80% da população acredita em reencarnação e na existência da alma, existe tanta apreciação de uma beleza puramente exterior? Todo mundo sabe que temos um corpo perecível, e mesmo assim, tudo o que todos querem numa noiva, namorada ou nora é a beleza física e a boa aparência?

Resposta:

Por favor, esqueça a cirurgia plástica. Sei que os comentários insensíveis de parentes, como os da sua avó, podem ferir profundamente nossos sentimentos. Isso é ainda mais prejudicial quando uma jovem está no processo de formar um sentido de autovalorização fundamentalmente baseado nas interações com os circunstantes. Contudo, espero que você consiga deixar de lado esses comentários dolorosos e usar essa situação como uma oportunidade para se definir em termos de beleza interior e autoconsciência, em vez de se pautar pelos comentários dos outros. Não é fácil deixar de receber essas opiniões num nível pessoal, mas isso é o que você precisa fazer. Saiba que sua identidade e seu valor não guardam a menor relação com a aparência exterior. Você é imortal, uma centelha divina de bem-aventurança que irradia luz, e nada pode ser mais belo do que isso. A única beleza física importante é aquela que se expressa e é formada de virtudes de amor, compaixão e generosidade.

Não creia na explicação simplista de que essa ênfase ignorante na beleza física é uma preocupação exclusiva de Bollywood e da cultura indiana. Infelizmente, essa visão é universal e endêmica em todas as culturas modernas, e orienta a maior parte da publicidade. Diga à sua avó que, embora não se pareça com o ideal de beleza de todo o mundo, você é muito bonita no que realmente conta, e que encontrará um parceiro que também veja essa beleza.

CIÚME DE HOMENS BONITOS

Pergunta:
Sou uma mulher de 24 anos, e desde que me entendo por gente tenho atração por mulheres. Eu me sinto desafiada e com inveja quando há homens por perto — principalmente os que são atraentes. Não entendo isso e não gosto de me sentir dessa forma. Por que me sinto assim e como posso evitar esse sentimento?

Resposta:
Você diz que tem inveja de homens atraentes. Como afirmou que é gay, é provável que tenha ciúme da capacidade que esses homens têm de atrair mulheres desejáveis. Você deve invejar esse poder e também a abertura e a permissão que a sociedade lhes dá para buscar um relacionamento com as mulheres de quem eles gostam. Talvez você sinta que não tem a mesma capacidade de atração, e provavelmente sente a reprovação social quando tenta conquistar uma mulher

em público. Portanto, alguma coisa nesse sentido deve estar por trás de seu sentimento de inveja. A boa notícia é que os homens atraentes na verdade não são concorrência para você. A parceira que você busca sente atração por outras mulheres, e não pelos homens. Portanto, lembre-se disso toda vez que sentir ciúme de um cara bonito.

RETOMAR A VIDA AMOROSA

Pergunta:
Depois de vinte anos solteira, comecei a sair com um homem adorável. Estamos namorando há mais ou menos seis meses, e tudo indica que podemos vir a ter um bom relacionamento. Infelizmente estou sofrendo de uma grande dose de medo e insegurança. Ele ainda é casado; está separado há três anos, mas continua em contato com a esposa. Percebo que quem precisa crescer sou eu, mas às vezes fico muito desesperada. Tentei fazer meditação e terapia da criança interior. Se você tiver alguma sugestão, ficarei muito grata.

Resposta:
Vinte anos é muito tempo, e, embora você não diga por que motivo ficou solteira por um período tão longo, podemos presumir que suas razões foram importantes. Dito isso, é razoável esperar que uma mudança no sentido de ter um relacionamento saudável vá pedir tempo e paciência. Não se apresse e não seja muito exigente consigo mesma se uma maior proximidade com o parceiro suscitar sentimentos exagerados ou irracionais, ou reações fora de proporção com a situação. Nossos sentimentos são condicionados pelas lembranças do passado, e não pela realidade presente.

Respire fundo e perceba que o passado precisa ser deixado para trás para que você possa desfrutar do presente. Peça a seu namorado para tranquilizá-la, porque o passado já se foi e o agora é agora. Diga a ele que você está pronta para abandonar o passado e se entregar ao amor que está presente. Tenha paciência com o processo, e gradualmente você verá as inseguranças desaparecerem.

TOLERÂNCIA E LIMITES

Pergunta:
Na tentativa de ser "tolerante", tenho deixado de estabelecer os necessários limites pessoais. Ao começar a ver a necessidade de certos limites, parece que minha crença arraigada na "mente aberta" corre o risco de se esvair. Isso me perturba. Sinto-me como se perdesse um tesouro. Você pode falar sobre o valor de cada uma dessas atitudes, a tolerância e os limites, ou sobre o conflito entre elas?

Resposta:
Uma genuína liberalidade é um tesouro de inocência, mas essa atitude não precisa existir à custa de fragilidade e vulnerabilidade. Da mesma forma, ter limites sólidos e claros não deve prejudicar a sensibilidade e a compaixão.

À medida que aumenta em nós a percepção de nossa verdadeira natureza, nós nos tornamos mais sensíveis e generosos porque podemos reconhecer que estabelecer uma ligação com a pureza e a bondade dos outros faz parte de nossa própria essência. Portanto, ficamos abertos a tudo a nosso redor que favoreça a vida e seja positivo. Simplesmente preferimos não lidar ou dar atenção às coisas que não nos ajudam ou não nos são úteis. É assim que permanecemos acessíveis apesar de mantermos limites pessoais.

A autoconsciência opera como um processo natural de seleção que deixa entrar o que ajuda nossa evolução e bloqueia o que não a ajuda. É como uma porta de tela, que deixa entrar a brisa, mas bloqueia as folhas.

MEDO DE SE ENVOLVER

Pergunta:
Você tem uma sugestão de como superar o medo de se envolver? Penso que num envolvimento entramos numa área muito desestruturada onde nosso senso do Ser é perdido. Como podemos nos ligar a outras pessoas e ainda manter o senso de direção e identidade na vida?

Resposta:
O envolvimento com outro alguém não nos leva a perder o Ser ou nos dissolvermos no outro. Para estabelecer uma verdadeira ligação, os envolvidos precisam manter a integridade própria e a individualidade. Caso contrário, a coisa toda se transforma num sentimentalismo que não funciona. Para usar uma analogia fisiológica, todas as células dos olhos se unem para realizar o processo da visão. Cada célula precisa trabalhar em harmonia com as outras, e isso implica a necessidade de cada uma manter a estrutura e o funcionamento individual a serviço da operação mais ampla da visão. Quando nos ligamos a outra pessoa, estamos simplesmente sendo quem somos enquanto compartilhamos uma meta ou uma atividade. Na verdade, é muito simples. Imagine que você sai à tarde

com um grupo para registrar eleitores; nesse processo vocês veem crescer um senso de camaradagem, e mais tarde saem para jantar e compartilhar histórias pessoais. Essa é uma experiência de ligação. Contrariando os medos que alguns de nós podemos ter de que essa ligação nos leve a perder o senso do Ser, uma conexão saudável fortalece em nós a autoconfiança e a autoestima.

NAMORO

Pergunta:
Os últimos dois anos de minha vida foram um verdadeiro despertar de minha consciência mais elevada, que me trouxeram uma espiritualidade mais profunda do que jamais sonhei ter, além de ter sido um tempo de verdadeira paz e restauração. Fiz um esforço consciente para preencher minha vida com coisas boas e comecei a meditar, voltei para a universidade, comprei minha primeira casa e comecei a conviver com minhas amigas. Nos últimos tempos, as amigas começaram a me perturbar e a insistir para que eu saia e faça as coisas que, na opinião delas, me ajudarão a "encontrar um homem". Tenho 30 anos, e quero encontrar um amor, mas não quero ter que caçá-lo. Acho que frequentar casas noturnas ou academias para conseguir um homem parece um desperdício de uma quantidade preciosa de tempo e energia. Tenho vida social e faço o que me agrada, mas nada que favoreça muito encontrar um parceiro. Gosto de meditar, ler e procurar antiguidades. Apenas acho que, quando aparecer a pessoa destinada a mim, nós nos encontraremos no lugar certo e na hora certa.

Eu realmente gostaria de relaxar, desfrutar a vida e esperar que o universo evolua como deve evoluir. Quero esperar essa sincronicidade, em vez de forçar um namoro para dentro de meu espaço vital.

Resposta:
Gosto de sua abordagem à questão de encontrar um parceiro. Semelhante atrai semelhante, portanto devemos ser o tipo de pessoa com quem gostaríamos de viver. Se você estiver desesperada, carente e focalizada nas aparências externas enquanto procura um parceiro, atrairá alguém também desesperado, carente e focalizado nas aparências superficiais. Você não precisa organizar sua vida em torno da questão de encontrar um parceiro. Se viver a vida plenamente, com total dedicação, o companheiro se manifestará na hora certa. Sem se esforçar, o cosmos consegue organizar e conduzir a magnífica sinfonia da vida em todo o universo; ele também conseguirá trazer para você o homem certo na hora certa.

ADIAR RELACIONAMENTOS

Pergunta:
Devo continuar a buscar um relacionamento amoroso baseado na independência e na doação? Ou devo apenas aceitar que sinto atração por homens dotados de qualidades que não tenho? Eu não me permito conviver com ninguém assim. Temo que nunca conseguirei ser completa a ponto de poder amar alguém pelas razões corretas.

Resposta:
Não adie a vida e o amor em benefício de um futuro ideal em que você seja perfeita. Aceite que o relacionamento e o amor que lhe sejam atraentes agora são o que você necessita neste momento de sua vida, e que esse relacionamento, por mais imperfeito que pareça, é o caminho para seu crescimento em direção ao tipo de pessoa que você quer ser.

O ESPELHO DOS RELACIONAMENTOS

Pergunta:
Eu já vi você afirmar que todos os relacionamentos são um espelho do Ser. Não tenho muita clareza sobre o que isso significa, em especial no caso do amor romântico. Você poderia expandir esse conceito? Se um relacionamento romântico entra em declínio, isso acontece porque subconscientemente desejei isso?

Resposta:
A ideia do espelho nos relacionamentos é que subconscientemente procuramos nos outros o que precisamos ver e entender em nós mesmos para encontrar plenitude, equilíbrio e saúde. Quem participa conosco do relacionamento é um espelho que nos permite ver o que precisamos elaborar em nós. Por essa razão, de um ponto de vista espiritual, é inútil tentar mudar o comportamento dos outros como base para conquistar a própria felicidade. Isso é tão sem sentido quanto querer mudar a imagem que o espelho nos mostra trocando o espelho.

Quanto mais pudermos ver os outros como fonte de amor, e não como seu comportamento, mais fácil ficará não adotar uma atitude defensiva e não levar as coisas a um nível muito pessoal. Isso nos permite realmente escutar, aprender e crescer com todos os relacionamentos e, em consequência, estruturar uma fundação mais sólida para o amor e a conexão com os outros. É assim que usamos o espelho dos relacionamentos para crescer emocional e espiritualmente.

Um relacionamento pode entrar em declínio por diversas razões. Pode haver um desejo subconsciente de encerrá-lo, mas também é possível que o relacionamento já tenha cumprido seu papel e agora os envolvidos estejam prontos para algo mais.

AMOR INCONDICIONAL

Pergunta:
Vejo que quando tenho um desentendimento com minha parceira, todo o sentimento de amor desaparece. Com certeza, se a amasse realmente como acredito amar e como sempre amei meus pais, por exemplo, o sentimento não desapareceria por causa de uma simples discussão, não é mesmo?

Resposta:
Sentir por sua namorada um amor condicional não significa que o sentimento não seja real ou sincero, apenas significa que em determinadas condições ele é encoberto por feridas e traumas do passado. Enquanto ainda tivermos em nossos corações áreas danificadas, elas poderão ser ativadas por determinadas situações, e continuaremos a reagir com base no medo e numa atitude defensiva, em vez de agir com amor.

Se você tiver uma prática espiritual que lhe dê acesso ao amor incondicional que existe dentro de você, e se encarar os desafios que porventura surjam em seu relacionamento com sua namorada como oportunidades de curar essas velhas feridas, com o tempo você elevará seu sentimento à condição de amor incondicional.

OS RELACIONAMENTOS PODEM CAUSAR SOFRIMENTO?

Pergunta:
Acredito em ter com os outros — cônjuge, filhos, pais, amigos etc. — relacionamentos baseados no amor. Um amigo defende a ideia de que os seres humanos sofrem muito quando morre um de seus entes queridos — por exemplo, o parceiro de um casamento duradouro — e que a principal razão de sofrimento é o apego e a dependência. Essas palavras me parecem verdadeiras, mas também vejo nelas um grande desprezo pelos relacionamentos humanos. Em minha opinião, embora os relacionamentos humanos sejam imperfeitos e prejudicados pelo apego, nós somos capazes de abrir os corações e nos ligar uns aos outros de forma profunda. Há nisso muita beleza, e esses relacionamentos nos trazem lições valiosas e nos permitem uma compreensão profunda de nós mesmos. Por exemplo, quando me vejo com raiva de alguém, em geral consigo localizar a origem desse sentimento em algum aspecto de mim mesmo que não examinei antes. Portanto, acho que os relacionamentos na verdade me ajudam a evoluir e me tornar uma pessoa melhor.

Também entendo que, com a ajuda de uma prática espiritual, idealmente é possível transcender esse amor indivi-

dualizado e egoísta e amar a todos. Com frequência experimento estados de um amor profundo que se derrama do meu coração depois de sessões de meditação. Portanto, existe realmente algo errado com os relacionamentos humanos? Será que é preciso evitá-los e abandoná-los? Nós precisamos ser cuidadosos e vigilantes — ou seja, controladores — com as ligações de apego a dependência que se desenvolvem em nossos corações? Em sua opinião qual é a maneira ideal de ver e lidar com relacionamentos humanos? Eles podem nos ajudar a crescer?

Resposta:
Concordo com sua visão dos relacionamentos. Embora seja verdade que as pessoas sofrem uma experiência de dor e perda na morte das criaturas amadas, essa dor não decorre do amor, mas do apego ou da falsa identificação da mente com o objeto. Além disso, viver em isolamento não nos poupa de sentir apego e sofrimento. Na verdade, estudos mostram que aqueles que vivem privados de interações sociais afetivas são mais infelizes, menos saudáveis e morrem mais cedo do que aqueles que valorizam os relacionamentos.

Sua visão dos relacionamentos é um espelho para reconhecer onde é preciso crescer, e esse é um entendimento que defendo há muitos anos.

TIPOS DE AMIGOS

Pergunta:
Estou sempre atraindo para minha vida amigos que têm problemas parecidos com os que tive no passado. Estou sempre envolvida em ajudá-los a resolver esses problemas

e sempre falando sobre minhas experiências passadas com as mesmas questões (divórcio, filhos etc.). Apesar de gostar de ajudá-los, sempre me pergunto por que continuo a atrair esse tipo de amigo. Será que não estou totalmente curada do passado? Amo meus amigos, mas só questiono por que os atraio para minha vida. Será que por meio das experiências deles preciso reviver essas coisas para poder aprender todas as minhas lições?

Resposta:
O que me parece é que você está sendo colocada na posição de oferecer seu conhecimento àqueles que podem utilizá-lo. Não significa que você ainda tenha problemas não resolvidos; provavelmente é apenas uma maneira de ajudar os outros. É provável que você atraia esses amigos exatamente *porque* resolveu essas questões e assim pode ser-lhes útil. Essa é a responsabilidade do conhecimento — devemos compartilhá-lo com quem precisa dele. Da mesma forma que recebemos tanto conhecimento quando precisamos, devemos aceitar bem a oportunidade de servir aos outros passando adiante o que aprendemos.

SERVIR A UM AMIGO

Pergunta:
Como posso ajudar um amigo a superar um problema de autoestima que se manifesta como a necessidade de se afirmar conquistando mulheres mais jovens? Ele é uma pessoa sensível e inteligente, mas nessa área não consegue ver que explora e manipula pessoas para conseguir o que quer. Eu já sugeri aconselhamento. Já tentei conversar com ele sobre

as verdades que aprendi, mas ele responde que sou muito moralista e continua incapaz de ouvir o que digo.

Resposta:
Quando gostamos de alguém, é difícil ver esse amigo adotar um comportamento destrutivo. Contudo, precisamos reconhecer que cada um controla e é responsável pela própria vida. O máximo que podemos fazer é rezar para que essas pessoas realmente se conscientizem das próprias ações e acordem para a responsabilidade de agir com honra e com amor por si mesmos e pelos outros.

MAUS-TRATOS

Pergunta:
Tive um relacionamento com um homem, mas há sete meses estou muito longe dele, em outro país. Ele me tratou muito mal. Sinto que ele me usou. Já pensei em voltar para ele, mas seus e-mails não mostram que ele queira meu retorno. Não consigo ter uma resposta direta, mas agora estou achando que ele não é a pessoa certa para mim. No entanto, ainda o amo.

O que mais me incomoda é sentir que fui usada e maltratada. Você acha que é uma boa atitude dizer a ele o que sinto?

Resposta:
Relacionamentos a distância podem ser difíceis, e são emocionalmente capazes de suscitar diversas suspeitas, como no seu caso. Explicar a ele como você se sente pode ser bom se ajudá-la a encerrar o relacionamento e lhe permitir verbalizar seus sentimentos. Mas não espere que ele reconheça o

comportamento que teve com você. Limite-se a dizer como se sentiu e parta para fortalecer em sua vida as coisas que promoverão um relacionamento mais saudável no futuro.

PESCARIA

Pergunta:
Estou me relacionando com um homem há bastante tempo. Estive conversando com minhas amigas sobre a forma pela qual as mulheres fecham os olhos para certas características dos namorados ou maridos "pelo bem do relacionamento".

Tenho problemas com o passado do meu namorado. Ele fez coisas que considero ultrajantes, além de serem ilegais. Até onde posso ver, ele mudou. No entanto, toda vez que algo lembra o passado, ele recorda aqueles tempos como se tivessem sido a melhor época de sua vida. Eu não estava com ele nessa "melhor época de sua vida", e por questões morais não teria ficado com ele naquelas circunstâncias. Mas, se ele mudou tanto, como pode se lembrar daquele tempo com tanta saudade? É como se ele lamentasse ter se tornado uma pessoa melhor. Esse aspecto e outras coisinhas nele me incomodam muito. O mar está cheio de peixes, não é mesmo? Devo aprender a aceitar meu namorado... ou devo sair para pescar?

Resposta:
Você pode estar supervalorizando a nostalgia de seu namorado pelo passado. Por exemplo, o valor dessas lembranças do passado pode não ter nenhuma relação com sua natureza ilegal ou imoral. É muito comum nos lembrarmos dos bons tempos do passado, não porque o que fizemos foi maravilhoso, mas porque a lembrança nos traz de volta o

sentimento de aventura, liberdade e camaradagem daquela época. O que você deve fazer é perguntar a ele o que mais lhe agrada com relação àqueles tempos. Se ele disser que sente falta de violar a lei, talvez você deva sair para pescar. No entanto, se ele apenas recordar o sentimento de prazer daquela época, não vejo problema. Acho significativo que ele tenha mudado de comportamento mesmo antes de encontrá-la. E isso me leva a pensar que ele superou por si mesmo os aspectos mais imprudentes de seu passado. Portanto, se ele não foi obrigado a mudar, é pouco provável que "lamente ter se tornado uma pessoa melhor". Quanto às outras pequenas coisas que lhe desagradam muito, você precisará descobrir se elas realmente se referem a ele e se você consegue aceitá-las, ou se o desconforto é uma projeção dos seus próprios sentimentos. Se isso for um reflexo do seu próprio senso crítico, encontrar outro parceiro não vai tornar as coisas mais fáceis para você. Você ainda precisará procurar dentro de si o motivo do desconforto que faz com que você atribua a culpa ao outro.

O DILEMA DO AMOR

Pergunta:
Estou namorando um rapaz há um ano e meio. Quando o conheci, eu tinha acabado de passar por um trauma grave. Desde então venho ao mesmo tempo me recuperando, me curando e me apaixonando. Quero passar o resto da minha vida com esse homem, o que é um compromisso e tanto se considerarmos que tenho 20 anos. No entanto, por causa da necessidade pessoal de me curar do meu trauma, eu o feri muito. Ele me viu chegar ao fundo do poço, e eu descarreguei

nele muito da minha raiva emocional. Sei que ele me ama de todo o coração, porque é um milagre que ainda esteja comigo até hoje, depois de tudo o que lhe fiz. No entanto, minha ansiedade está em achar que talvez ele não perceba o quanto o amo. Eu lhe digo isso diariamente, mas não basta. Não sei o que fazer para deixá-lo seguro da pureza do amor que tenho por ele em meu coração. Será que meditar juntos pode ser uma boa ideia? Sei que pareço ambígua e pouco original, mas quero tanto que ele acredite em mim! Há alguns meses tenho visto um terapeuta, e meu namorado também começou a se consultar com alguém, o que acho que pode ajudar com o tempo. Existe alguma coisa que eu possa fazer, dar a ele ou dizer, algo que ajude no presente?

Resposta:

Se você ama seu namorado e ele não percebe seu amor, então não cabe a você imaginar uma maneira de convencê-lo; ele precisa lhe dizer de que precisa e ver se isso é algo que você pode fazer. Não ficou claro qual foi esse trauma e como você acha que feriu seu namorado. Meditar juntos e fazer terapia pode ser benéfico, mas o principal é que ele se fechou, e ele é a única pessoa capaz de dizer por que isso aconteceu e o que é necessário para que você torne a ser bem recebida. Tente colocar essa discussão em termos práticos, e faça o possível para evitar a questão de quem tem um amor mais puro, ou do motivo por que tudo isso aconteceu. Boa sorte.

2
Sexualidade

ENERGIA SEXUAL E *SHAKTI*

Pergunta:
Em uma resposta anterior sobre a energia sexual e a energia do coração, você escreveu: "Existe uma corrente de pensamento que vê como energia sexual toda a energia vital na mente, no corpo e no universo — a força criativa primária do cosmos que se expressa de diferentes formas e como diferentes fenômenos. Essa shakti dirige a manifestação, a diversidade e o movimento de toda a criação. Portanto, nesse sentido, podemos ligar nossa experiência da energia do coração a uma força criativa mais ampla ou à energia sexual da vida." Isso significa que a energia sexual transcende o masculino e o feminino e no seu estado primal é indiferenciada? Em que ponto da manifestação essa energia se torna sexual? É possível haver energia sexual sem emoção?

Resposta:
Os sábios iluminados de diversas culturas do passado consideravam a força criativa primária da natureza uma energia sexual, não por causa das emoções e dos impulsos humanos que associamos com a sexualidade, mas porque as forças criativas emergem da união mística de polos opostos: luz e

escuridão, ação e inação, conhecedor e conhecido. Portanto, eu não diria que esse estado básico seja indiferenciado, mas diferenciado em dois extremos básicos. O subproduto dessa interação dinâmica de opostos é algo diferente, algo novo, assim como o ato de procriação entre o homem e a mulher cria um novo ser. Portanto, a sexualidade se torna uma metáfora das forças criativas da consciência. É uma maneira de tornar mais compreensível a natureza abstrata da dinâmica da consciência.

Esse poder criativo pode ser reconhecido na natureza como energia sexual propriamente dita quando os organismos se reproduzem sexualmente. Portanto, em muitas circunstâncias é possível haver energia sexual sem emoções.

À VONTADE COM O SEXO

Pergunta:
Eu me casei há quatro meses e não consigo me sentir segura com o sexo. Tento tomar iniciativas, mas não tenho sucesso. Entro em pânico e sinto que não posso me mover. Não tenho vontade de pedir o que preciso ou o que gosto, nem me sinto bem numa roupa sensual. Tenho vergonha. O que posso fazer?

Resposta:
Você está casada há poucos meses. Às vezes leva algum tempo até nos sentirmos completamente à vontade e confiantes na interação sexual com o cônjuge. Não se obrigue a tomar iniciativas, nem pense que nesse aspecto precisa tornar-se mais sofisticada do que lhe parece confortável. Concentre-se em alimentar sua autoestima e cultivar um sentimento de autoaprovação que inclua seu amor, sua beleza e sua sexua-

lidade. Pode ser útil escolher um arquétipo feminino que reflita as qualidades de expressão sexual confiante que você gostaria de incorporar; use esse arquétipo para ajudá-la a expressar de dentro para fora essa confiança. Uma vez que sua autoconfiança se firme numa experiência interna da sua verdadeira natureza, você será capaz de encontrar um nível de expressão sexual que lhe pareça adequado, sem o sentimento de vergonha.

NECESSIDADES SEXUAIS DIFERENTES

Pergunta:
Meu marido anda aborrecido porque eu não gosto de fazer sexo com a mesma frequência que ele. Isso tem sido um problema há bastante tempo; penso que, seja qual for a frequência com que transemos, ele achará pouco e ficará ressentido. Quero dizer, se transarmos mais do que três vezes por semana, isso poderá se tornar uma obsessão ainda maior. Ele também percebeu isso, portanto, combinamos de transar duas vezes por semana, mas nos últimos tempos tem sido mais comum termos apenas uma relação sexual por semana.

Ele não concorda com a palavra "obsessão", mas é assim que vejo, porque podemos ter uma relação muito intensa e passional e no dia seguinte parecer que voltamos à estaca zero, e assim ele precisa recriar aquilo; para mim, no entanto, parece que acabei de ter aquela experiência e não quero repeti-la imediatamente. É muito cansativo!

Hoje, a questão voltou à tona, e meu marido disse que estava pensando em se divorciar de mim porque não estávamos tendo atividade sexual suficiente. Ele disse que pensava diariamente no fato de não ter bastante sexo e que se sentia muito mal e solitário. Ele acha que todo o controle sobre essa situação está em minhas mãos porque isso não é importante para mim, e eu posso simplesmente dizer não. Ele fica zangado com isso. Na verdade, o que me tira todo o tesão é a raiva que ele sente de nossa vida sexual. Perco o desejo de transar quando penso que ele ficará com raiva de mim se eu não concordar. Eu costumava ceder porque não queria deixá-lo triste e não conseguia dizer não e me sentir bem depois. No entanto, agora, quase sempre digo não quando não estou com vontade de ter intimidade física, porque aprendi que, se eu ceder nessas circunstâncias, vou me ressentir e ter raiva durante o sexo, e eu já disse a ele coisas agressivas.

Ele acha que deveríamos ler livros sobre o assunto e encontrar um terapeuta sexual, mas não quero fazer isso. Não quero tomar medidas para ficar mais interessada. Tudo o que quero é que isso não seja tão importante. Não quero que o sexo seja o ponto central do dia. Só quero curtir estar junto dele, e se a vontade e a oportunidade surgirem para os dois, tudo bem. Se não, tudo bem também. Não é que eu não goste de sexo, não tenha desejo ou não sinta atração por meu marido. A questão é apenas que isso não é tão importante para mim. Para ser justa, às vezes sou muito sensível com relação a meu espaço. Ser tocada pode ser uma coisa dolorosa quando não estou a fim ou quando estou estressada. Eu costumava pensar que isso era um defeito, alguma coisa que precisava mudar em mim, mas na verdade não acho que eu possa mudar ou mesmo não acho que queira mudar. Disse a meu marido que sou assim mesmo. Nem sempre quero que me toquem, mesmo com delicadeza. Não consigo me obrigar a transar porque nem sempre encontro o interruptor que me permite desfrutar o sexo e não me sentir pressionada e desconfortável. Contudo, às vezes consigo encontrar esse interruptor ou a coisa acontece naturalmente. É verdade, nesse caso posso ser muito passional. Mas não é algo que eu consiga fazer por encomenda.

Para ser justa com meu marido, deveria dizer que, em geral, não tenho sentido interesse por sexo nos últimos tempos. Gosto de estar perto dele e abraçá-lo ou ser abraçada, mas não sinto o mesmo desejo de ter relações sexuais que ele sente. Sei que isso é importante para ele, portanto tento aplicar energia nessa área do nosso relacionamento, mas o sexo acaba por me cansar, e para ele acontece o contrário.

Tornamos a conversar hoje, e ele disse que na verdade não quer o divórcio, mas está realmente perturbado com a situação. Não sei o que fazer. Hoje de manhã decidi tentar ter mais compreensão com as necessidades dele, mas no decorrer do dia me senti zangada e inquieta com a situação. Pensei que talvez você possa ter uma percepção ou proposta que nos ajude a encontrar uma condição de paz sobre esse problema. Sinto que isso também é sintoma de um desequilíbrio mais profundo em nosso relacionamento, mas não sei o que fazer quanto a isso. Toda vez que ele fica perturbado, me diz que isso (o fato de não transarmos bastante) é a única coisa que me pede. Depois ele faz uma lista de tudo o que não me pede (mencionando o que ele faz por mim e/ou o que não faço por ele etc.). Isso me leva a crer que ele tem ressentimento porque acha que está dando mais do que recebendo. Sobre essa questão, também não sei bem o que fazer. Eu o amo e não quero que ele fique infeliz. No entanto, essa coisa toda me causa ansiedade (quase não consigo respirar), e é difícil para mim até mesmo discutir a questão, porque parece que não existe nenhuma maneira de fazê-lo feliz, e uma parte de mim simplesmente se tranca.

~

Minha mulher e eu estamos casados há 14 anos. Somos saudáveis, temos dois filhos e nossa condição de vida é boa. Somos muito unidos e passamos muito tempo conversando sobre nossos interesses e nossas vidas. Sempre tivemos o que eu considero uma boa vida sexual. Tradicionalmente, sinto mais desejo, mas sempre encontramos o meio-termo que satisfaz aos dois. No entanto, nos últimos seis meses ou quase um ano, o impulso sexual de minha mulher mudou, e ela cada vez tem menos vontade de transar. Embora eu esteja na faixa dos 40, meu desejo ainda é bastante intenso, embora com certeza seja menor do que era aos 20. Nós passamos de uma frequência de duas relações sexuais por semana para uma vez por semana, e depois para duas vezes por mês num período relativamente curto, e estou sentindo muita frustração.

A prática regular de sexo faz com que me sinta conectado com minha mulher e minha família. Tenho experimentado sentimentos de solidão e isolamento com a rápida mudança em nossa vida sexual, sem falar da frustração e das dúvidas. Parece-me que quanto mais eu tento induzir minha mulher a fazer sexo, mais ela se sente pressionada e menos desejo tem, o que resulta num círculo vicioso que deixa os dois se sentindo desconectados. Embora eu entenda que isso não é pessoal, que provavelmente é apenas uma parte dos altos e baixos normais num relacionamento ou mesmo do início da menopausa da minha esposa, só consigo me sentir rejeitado pela falta de desejo dela. Nós ainda passamos muito tempo abraçados à noite e temos muito contato físico na vida diária, mas ainda sinto desejo por sexo.

Isso pode parecer muito barulho por nada e talvez seja apenas uma situação do tipo "bem-vindo ao clube", mas estou desorientado, e muitas vezes essa situação me traz a sensação de isolamento. Gostaria de saber se você tem algumas ideias ou estratégias que possam nos ajudar a equilibrar nossas necessidades e superar esse obstáculo.

Resposta:
A questão das relações sexuais entre dois indivíduos é uma mistura incrivelmente complexa de sentimentos, convicções, impulsos, associações e hábitos, que assume vida própria no decorrer de um relacionamento duradouro. Sendo assim, é quase impossível sugerir uma solução simples que tenha algum significado. Sugiro que vocês procurem um terapeuta de casal com experiência em problemas sexuais. Sei que um de vocês mencionou que não deseja fazer isso porque não quer sentir mais interesse por sexo e não quer transformar a questão sexual num "grande problema". Eu só gostaria de comentar que ela já é um grande problema.

Você não precisa procurar a terapia com a ideia de que já tem um problema porque não quer ter muito sexo, ou de que seu marido tem um problema porque quer mais sexo. Você pode ver a questão com o entendimento de que existe uma boa razão para cada qual sentir o que sente, e a terapia é uma oportunidade para os dois encontrarem um novo nível de intimidade entre si. Acredito que você está certa ao pensar que o sexo não é o problema. Veja essa situação como uma oportunidade de descobrir quais são as questões mais profundas e como essas questões podem ajudar os dois a encontrar mais autoconhecimento e mais amor.

O que me veio à mente quando li sua carta foi que você se vê como uma esposa cheia de amor e afeto que só deseja expressar esses sentimentos sexualmente quando existe uma confluência fácil de todas as circunstâncias corretas, ou seja, nos momentos em que não há raiva, ressentimento, pressão emocional ou sensibilidade extrema ao toque. Pode lhe parecer que você está numa posição de neutralidade com relação ao sexo, mas a tendência revela que você fica feliz em encontrar motivos para não transar. Como o sexo é muito importante para o homem que você ama, essa provavelmente é uma área fértil para autoanálise.

O Dr. David Schnarch escreveu dois bons livros sobre esse tema: *Passionate Marriage* e *Ressurecting Sex*. Recomendo os dois.

Para o marido, também recomendo uma autoanálise. Pense na possibilidade de que ter menos sexo também possa ser interessante para você. Pense se não existem outras vertentes de conexão física e emocional com sua esposa, como a afeição e o respeito, que possam ser igualmente satisfatórias para você e que sejam bem-vindas à sua esposa. Concentre-se nas áreas em que vocês têm fortes ligações de amor e conexão e parta daí para encontrar novas formas de compartilhar a intimidade física. Boa sorte.

CELIBATO

Pergunta:
Você tem alguma sugestão sobre a maneira de manter um relacionamento que costumava ser sexual, mas que agora está se tornando casto? Nós estivemos lendo muito na esperança de alcançar uma realização espiritual mais elevada. Você acha que é possível estar apaixonado e viver um relacionamento casto?

Resposta:
Sim, com certeza é possível estar apaixonado e viver um relacionamento sem sexo se essa for a expressão natural do amor dos dois. Eu apenas sugiro que os dois abordem o relacionamento segundo a evolução espontânea do amor que compartilham. Por outro lado, se você tenta fazer seu relacionamento se encaixar num ideal espiritual que vocês decidiram ser o melhor para ambos e se estão tentando condicionar seus sentimentos e impulsos a esses ideais, provavelmente muito em breve sentirão frustração e desequilíbrio.

Se o relacionamento está migrando naturalmente na direção do celibato e os dois estão felizes com isso, então vocês não precisam de orientações específicas. Apenas continuem a procurar maneiras de aprofundar e compartilhar um amor que traga satisfação e enriqueça a vida de ambos.

SEXO ANTES DO CASAMENTO

Pergunta:
Sou um jovem indiano de 28 anos que vive nos Estados Unidos há sete anos. Pertenço a uma família tradicional e morei em Mumbai até os 21. Sempre respeitei a vida e fui fiel a mim mesmo, nunca me entregando a prazeres fúteis. Para falar francamente, ainda sou virgem. Nunca tive vergonha de ter me guardado. Sempre tive orgulho disso. No entanto, meu dilema é: conheci uma moça indiana criada nos Estados Unidos e, por conta das pressões familiares, do amor e da atração, decidimos nos casar. Por ela ter sido criada nos EUA, seu estilo de vida não é parecido com o meu. Ela manteve um relacionamento íntimo e físico com um homem

durante mais de três anos. As coisas não funcionaram, e eles se separaram. Antes e depois desse relacionamento, ela teve vários namorados, e vários desses relacionamentos foram físicos.

Quando ficamos noivos, eu só tinha informação sobre aquele relacionamento longo, e desde então fiquei sabendo do resto aos poucos. Aceitei a situação e segui em frente. Contudo, isso está me incomodando. Nunca senti tanta depressão, desgosto e frustração com a vida. Total perda da esperança, náusea, falta de desejo sexual, insônia... é perturbador conviver com uma pessoa que teve alguém antes de mim. Sempre me guardei e esperava encontrar alguém que tivesse feito o mesmo. Apesar de amá-la, não sei se vou conseguir superar isso. Sempre me senti um eterno otimista, com uma profunda fé em Deus. Nunca me senti tão por baixo. Compartilhei essa informação com um parente; ele me disse que não é possível ser como sou e que eu pertenço a 3% da população. Recentemente aconteceram alguns incidentes em que ela mentiu sobre seu passado e me enganou, só revelando mais informações aos poucos. Não confio nela e não sei o que fazer. Sou uma pessoa de emocional forte e não sou um macho chauvinista. Tenho respeito por ela, mas acredito que ela mentiu para mim e vai continuar a mentir. Não acredito que possa viver com uma pessoa que mente, além de todos os outros problemas que tenho para aceitar a condição física de minha noiva. Sinto que estou à beira de um esgotamento nervoso. Não sei o que fazer ou como falar com ela sobre isso. Muitas vezes choro por causa da situação atual de minha vida e sou incapaz de aceitar isso. Estou esperando uma resposta de Deus que me ajude a tomar uma decisão. Estou fazendo o que é certo, ou estou errado? A vida parece sem sentido para este rapaz que era efusivo, brincalhão e cheio de entusiasmo.

Resposta:
Você diz que aceitou o passado sexual de sua noiva com outros homens e que superou essa questão, mas é claro que isso não aconteceu. Você parece preso ao ponto de vista de que o padrão moral dela deve ser menos refinado que o seu porque você tem altos valores morais e permaneceu casto, e ela não fez o mesmo. Acho que grande parte de sua desconfiança está baseada mais na indignação do que na confiabilidade de sua noiva. Você não dá muitas informações sobre ela, mas me parece que ela não é promíscua nem desonesta. Como você reagiu às informações anteriores de forma intensa, é fácil entender por que ela reluta em deixá-lo saber mais sobre seus outros relacionamentos. Nos Estados Unidos e na Europa, os costumes relativos a namoro e relacionamento antes do casamento são muito diferentes das práticas tradicionais indianas, mas você precisa deixar de lado o preconceito de que esses costumes são necessariamente impuros ou imorais. Por que você não se dedica a procurar saber como sua noiva realmente é e de que gosta, em vez de se concentrar nas diferenças de seus antecedentes sociais? Quer você se case com essa garota, quer não, você está neste país, e deve a si mesmo o direito de remover as viseiras morais; caso contrário, essas limitações vão continuar a impedir seu crescimento e sua fruição também em outras áreas da vida.

AMOR E MONOGAMIA

Pergunta:

Meu parceiro e eu somos constantemente desafiados por dúvidas sobre a natureza do amor e da intimidade e como fazer nossos ideais funcionarem no dia a dia de nosso relacionamento. Se amar alguém significa querer para essa pessoa o que ela deseja para si, é possível um casamento monogâmico da forma definida por nossa sociedade estar realmente alinhado com o verdadeiro amor? O fato de estabelecer limites sobre quem você pode amar e como prefere expressar o amor pode limitar a verdadeira natureza da alma? Será que a monogamia não é apenas um construto derivado do medo ou da referência ao objeto? Se a natureza da vida é crescer, como podemos fazer promessas e assumir compromissos para o futuro (por exemplo, no casamento) se estamos constantemente nos transformando?

Estamos atolados num conflito com essas questões fundamentais. Acredito que a monogamia é a grande oportunidade de aprender a expressar e experimentar o amor. Meu parceiro acredita no contrário e teme que essa prática só sirva para limitar o amor. E nós definimos a monogamia como muito mais do que a simples intimidade sexual.

Resposta:

A monogamia por si só não é uma restrição ao amor. A limitação ao amor vem do coração, e não da estrutura do relacionamento. A monogamia pode não garantir um amor profundo, mas pode constituir a base para o crescimento desse amor. A vida existe em função de limites — temporais, espaciais, físicos, sociais etc. O segredo de viver uma vida de amor ilimitado não é tentar eliminar as limitações, mas expressar o ilimitado por meio dos limites, assim como um artista exprime sua visão por meio de algumas tintas e pinceladas.

SONHOS ERÓTICOS

Pergunta:
Sou uma mulher casada e ultimamente tive sonhos eróticos que não envolvem meu marido. Em uma ocasião meus sonhos incluíram um amigo, e em outra, um ex-namorado, mas ambos foram sonhos cheios de afeto e paixão. Durante essa atividade onírica me senti muito realizada, apesar de ter uma consciência parcial de que era casada. Nas últimas semanas, tenho tido muitas dúvidas sobre esses sonhos. Estou ignorando uma mensagem que deveria entender? Será que minha alma tenta me dizer alguma coisa? Quais são as mensagens desses sonhos?

Resposta:
Ter sonhos eróticos é completamente normal, mesmo que não envolvam o marido. A psicanálise provavelmente diria que esses sonhos têm um significado profundo, mas eu não concordo com isso. A maior parte da atividade onírica é subproduto da normalização das necessidades da mente e do corpo acumuladas durante o dia, uma vez que as imagens são formadas pelas várias impressões da psique, reunidas para compor o conteúdo dos sonhos.

Há ocasiões em que os sonhos trazem mensagens importantes, e precisamos estar atentos a essas orientações e pistas. Em seu caso, porém, não acredito que existam mensagens profundas. A menos que esses sonhos continuem por algum tempo, eu não me preocuparia com eles.

PERDOAR A INFIDELIDADE

Pergunta:

Estou casada há 13 anos, mas vivo com meu marido há 22 anos, e temos dois filhos, de 13 e de 10 anos. Fiquei arrasada quando descobri que meu marido me traiu. Soube disso há sete meses, e estou com muita dificuldade para superar o problema. Já rezei muitas vezes para tomar a decisão correta, mas ainda estou muito confusa.

Meu marido me contou algumas histórias diferentes. Há alguns meses descobri um telefone celular secreto que ele usava apenas para chamar com frequência uma colega de trabalho. Desconfiei de que ela era a amante, mas meu marido continuou a negar, afirmando que eles eram apenas amigos. No entanto, alguns meses depois, coloquei um gravador no carro dele. Naquela manhã, ele telefonou para duas mulheres, a colega de trabalho e a mulher que ele acabou por admitir que era sua amante. Ele manteve conversas eróticas com ambas. Meu marido disse que isso não significa nada, que me ama, que só quer estar comigo, e me prometeu não voltar a procurar nenhuma das duas.

Você tem alguma sugestão sobre como se recuperar e perdoar? Ou será que estou sendo uma completa idiota? Vale a pena salvar meu casamento?

Resposta:

Por mais que você queira superar seus sentimentos e perdoar, esse processo não pode ser apressado ou forçado. Se quiser uma verdadeira cura, precisa ser paciente com o processo e deixar que ele siga seu curso. Se tentarmos contornar esse processo por conta de um ideal espiritual de sermos cristãos antes de nos sentirmos genuinamente cristãos, apenas retardaremos a cura. Sugiro que você volte ao terapeuta para trabalhar seus sentimentos. Isso não lhe dará mais clareza ou removerá o sofrimento de imediato, mas com o tempo você deve começar a entender o que se passou a ponto de poder tomar uma boa decisão sobre seu casamento. Além disso, se seu marido estiver sendo honesto sobre reassumir o compromisso com seu casamento, veja se ele também está disposto a participar das sessões de terapia.

SONHOS DE LESBIANISMO

Pergunta.
Sou uma mulher casada com dois filhos crescidos. Na época da faculdade, fui apaixonada por uma amiga, e tivemos um romance secreto. Perdemos contato depois que nos formamos. Eu me casei, e ela também, mas ela não teve filhos. Depois de vinte anos, tornamos a nos encontrar e falamos sobre nós, e foi aí que nossos sentimentos retornaram. Mas nos últimos tempos tenho sonhado com essa minha amiga. Tenho tido muitas dúvidas sobre esses sonhos recentemente. Quero saber o que você pensa do lesbianismo. Minha alma está tentando me dizer alguma coisa? Quais são as mensagens desses sonhos?

Resposta:
Não posso dizer de forma conclusiva qual o significado de seus sonhos; você vai ter que resolver isso por si. No entanto, é claro que sua alma lhe diz que existem questões emocionais não resolvidas com sua amiga, e essas questões foram agitadas depois que você tornou a vê-la. Não acho

que daí você deva concluir que agora é lésbica e precisa deixar para trás sua vida atual. Ainda existem mais perguntas do que respostas. Converse com sua amiga e veja se pode descobrir o que está causando essa atração entre vocês. Seja tão honesta quanto possível. Talvez você esteja passando por uma fase de forte carência de intimidade ou simplesmente pelo anseio de ter suas emoções compreendidas. Isso também pode ser uma grande onda nostálgica por algo que experimentou durante a faculdade. Ter sonhos eróticos com pessoas do mesmo sexo não é uma coisa rara e não significa que você seja lésbica.

Se por acaso sua avaliação mais honesta e genuína mostrar que um relacionamento homossexual com essa mulher é a direção de sua vida, então isso é o que você precisa fazer. Evidentemente, você terá que lidar com muitas consequências, mas só podemos ser o que somos. Você deve a si mesma e a todos aqueles que ama uma avaliação sóbria do que está realmente acontecendo, antes de tomar decisões que afetem toda a sua vida.

CELIBATO CATÓLICO

Pergunta:
Sou uma mulher católica de 46 anos, separada do marido há quase 12. Sendo católica e ainda legalmente casada, de acordo com minha crença não posso me divorciar. Também sou ministra da Eucaristia em minha paróquia há cinco anos, portanto levo minha religião a sério. Alguns dizem que estou sendo extremada por manter o celibato e desperdiçar o presente corporal dado por Deus. Acredito que a alma é mais valiosa que o corpo, portanto escolhi a prática do celibato. No

entanto, experimento uma solidão terrível, e de certa forma também me sinto um tanto inexistente sem um parceiro. Se procurar companhia masculina, serei uma adúltera! Sou uma mulher extremamente solitária, de bom nível cultural e boa aparência. O celibato não é uma prática tão difícil quando acreditamos na fé escolhida. Contudo, meu coração e minha alma anseiam por companheirismo, e meu filho precisa de um modelo paterno. Eu arrisco o valor da minha alma se quebrar meus votos católicos por amor?

Resposta:

O objetivo da orientação religiosa e dos votos é a evolução espiritual. Eles não devem ser regras seguidas por si mesmas ou por medo do castigo divino. Entendo seu ponto de vista no sentido de que os ditames da alma têm precedência sobre as necessidades do corpo. No entanto, isso só acontece se o corpo estiver em equilíbrio com a direção evolutiva da alma. Você mesma disse em sua carta que sua alma anseia por companheirismo, portanto não é apenas seu corpo que procura uma intimidade física. Sentir solidão e vazio porque pensa que essa é a exigência de Deus, 12 anos após um casamento fracassado, não me parece uma boa receita para salvar sua alma ou para ter uma vida espiritualmente gratificante. E isso é o que sua religião deveria ajudá-la a conseguir. Como pessoa consciente e madura, você tem a responsabilidade de localizar em seu coração o espírito dessas regras religiosas, e não apenas seguir cegamente a letra da lei. Este é seu desafio espiritual no momento: encontrar dentro de si, e não numa definição do Vaticano, a verdade viva da santidade do casamento e de sua sexualidade. Alguns dos maiores santos cristãos constataram que a própria verdade espiritual entrava em conflito com o dogma e com a política da Igreja Católica, no entanto mantiveram-se fiéis à verdade viva da própria experiência do divino. Se refletir sobre sua situação, você poderá descobrir que não existe nada de sagrado no casamento legal que você tem no momento, e que Deus não lhe pede para ser solitária e vazia. Você não vai pecar se encerrar formalmente um casamento que já morreu e partir para uma parceria amorosa significativa, que celebre o amor de Deus. O progresso de sua alma será muito mais prejudicado se você mantiver fidelidade a uma regra baseada no medo, e que já perdeu a relevância para sua vida.

HOMOSSEXUALIDADE E OS VEDAS

Pergunta:
Venho tendo problemas com o fato de ser homossexual. Conheço muitas pessoas pelo mundo afora que passam pelo mesmo conflito. No ano passado, contei aos meus pais e à minha irmã. Eles não entendem, mas me amam como sou. Só minha irmã está zangada.

Meu desejo é ser feliz, e espero ter filhos com uma mulher que eu ame. (Quem não quer ter um casamento feliz e filhos?) Contudo, existe esse problema, e eu detesto isso. Não posso viver assim.

Comecei uma terapia que pode me ajudar a viver com esses sentimentos, e eles dizem que é possível transformar os sentimentos homossexuais em heterossexuais. Sinto que essa é minha única esperança. A pessoa que está me ajudando foi gay e agora tem filhos e esposa. Ele acredita que todos nascem heterossexuais e escreveu um livro contando a própria história. Meu professor de ayurveda também afirma que todos nascem heterossexuais. Não contei meu problema para ele.

Você acha que é possível mudar esses sentimentos homossexuais? Como fazê-lo? Isso tem alguma relação com os hormônios? O que os vedas dizem sobre esses sentimentos? O que devo fazer? Sou um caso perdido.

Resposta:

Você não é um caso perdido. Parece-me que você ainda está no processo de entender a própria sexualidade. Não concordo com a ideia de que a homossexualidade seja um problema que precisa ser transformado em heterossexualidade. Talvez a atração física por mulheres faça parte de seu futuro, mas talvez não. Porém, haja o que houver, não duvide ou sabote seu impulso básico para o amor humano. Esse impulso não é errado.

Não sei ao certo o que está envolvido nessa terapia que você mencionou, mas se afirma que um homossexual pode resolver ser hétero, ela parece indicar que, para começar, ser gay foi uma opção. Pelo que você escreveu e pelo que aprendi com meus amigos gays, isso não é verdade.

Você quer ser feliz, e quer ter filhos. Há muitas maneiras de conseguir isso sem ser desonesto consigo ou com uma mulher. Existe a adoção, a gravidez de aluguel etc. Meu conselho é que você pare de pensar que existe algo errado e pare de entrar em conflito consigo mesmo. Use seu amor para se sentir melhor consigo e como uma maneira de se doar, em vez de interpretar seu amor como algo que precisa ser bloqueado, mudado ou escondido.

EX-NAMORADO TRANSEXUAL

Pergunta:
Meu ex-namorado quer ser mulher, mas não conversou comigo a respeito. Isso é muito evidente, mas ele continua negando e se recusa a fazer qualquer menção ao assunto. Como podemos nos relacionar nessa questão, já que continuamos amigos e ainda gostamos muito um do outro? Eis a situação: eu o amo por seu espírito, pelo que ele é por natureza. Ele não me ama e me afasta porque chego perto demais de sua realidade. Ele agora só quer que eu seja uma amiga muito íntima para poder continuar a levar uma vida de homem para o mundo exterior. Eu já lhe disse que amo seu espírito incondicionalmente e que um espírito não tem gênero. Eu o estimulo a se deixar florescer e a parar de esconder o que ele chama de seu "segredo tenebroso". Ele é uma pessoa maravilhosa e linda, com qualidades que nunca deixou florescer.

Depois de ler diversos artigos sérios sobre o comportamento de transexuais e travestis, ficou extremamente difícil confrontá-lo, porque o que li pode ser a história da vida dele: nascido numa família rigidamente cristã (gays e lésbicas vão para o inferno, e vai para o céu quem servir), ele passou toda a vida num ambiente masculino, circulando numa imensa Harley-Davidson, com dois casamentos fracassados e mantendo uma aparência de machão, pois sua verdadeira natureza precisa permanecer oculta. Ele vem se mantendo prisioneiro durante toda a vida, não sabe o que quer ou quem é, não tem objetivos, não consegue fazer planos, não consegue assumir compromissos, está sempre inquieto e fugindo de tudo. Uma batalha constante entre seus lados masculino e feminino, inquietante e difícil de controlar.

Nosso relacionamento acabou porque não estávamos chegando a lugar nenhum: eu o amava, e ele não me amava; além disso ele tinha um medo evidente de que eu descobrisse o que já sabia. Agora, uma semana depois de terminarmos o namoro, ele está muito melhor, e é claro que se sente aliviado por viver como se tudo fosse maravilhoso e escondido do mundo todo. Sem dúvida, para mim é muito difícil aceitar que nosso relacionamento nunca mais será o mesmo e que ele não é capaz de assumir um compromisso comigo. Mas também quero compartilhar com ele meu imenso amor pelo que ele realmente é por natureza, seu puro espírito. Quero confortá-lo e abraçá-lo, deixar que ele seja quem quiser ser e cuidar dele com amor, segurança e paz. Se ele quiser guardar esse segredo, o mundo não precisa saber, mas então pelo menos ele não ficará sozinho com isso. Ele recusa qualquer ajuda, conversa ou terapia que diga respeito a qualquer coisa em sua vida, porque isso é coisa de "bicha", e não serve para ele.

Talvez o relacionamento entre nós venha a ser possível, como casal ou como verdadeiros amigos, quando ele se entregar a seu verdadeiro Ser. Desejo muito que isso aconteça, porque é incrível a intensidade do meu amor pelo espírito dele. E preciso admitir que isso tomou conta da minha vida.

Resposta:

É muito mais difícil aceitar o fim de um relacionamento quando estamos apaixonados e a outra pessoa não está. No entanto, é disso que se trata — e não de seu ex-namorado revelar ao mundo que deseja mudar de gênero.

Como ele diz que não a ama e deixou claro que não vai assumir com você o compromisso de um relacionamento, você sente que não há a menor chance de trazê-lo de volta com base na experiência de um amor que vocês compartilharam. Em vez disso, você colocou suas esperanças na ideia de que o muro de sigilo que ele criou em torno de seu segredo tenebroso é o que o impede de amá-la. Você acredita que se ele admitisse seus problemas de gênero e os resolvesse, talvez entregasse os pontos e também admitisse ter por você um profundo amor espiritual.

Essa não é uma maneira realista de pensar, é pensamento mágico, e não é sequer o tipo bom de pensamento mágico. Claramente, você tem um grande amor por seu ex-namorado e vê a verdadeira natureza espiritual dele. Esse é um dom raro e maravilhoso. Você quer que ele a ame e a aceite assim como você o ama e o aceita. Contudo, é importante reconhecer que, por mais difícil que seja o segredo dele, ele vai ter que se aceitar nos próprios termos. Paradoxalmente, tentar encorajá-lo a se assumir como transexual e se aceitar pode na verdade ter o efeito contrário e desestimulá-lo. Essa atitude pode parecer uma mensagem subliminar de que ele não está administrando corretamente a situação e vem fazendo algo errado. O Ser emocional dele pode entender que "não sou aceito como sou, alguma coisa está errada comigo".

É o mesmo que tentar ajudar uma adolescente a ter autoestima e a ser aceita pelos outros dizendo-lhe que a ama e que ela deveria se sentir bem consigo mesma e que, se isso não acontece, alguma coisa está errada com ela, e não é de admirar que as pessoas não a apreciem. Tudo o que a psique ferida entende é "sofro porque me sinto rejeitada, e agora estou sendo rejeitada porque sofro".

O fato nessa questão é que seu ex-namorado vai se aceitar quando estiver pronto para isso — nem antes, nem depois; você não tem controle sobre isso. Seu amor por ele pedirá a sabedoria adicional de entender que o momento e as circunstâncias em que ele venha a se assumir dependem do tempo divino certo para ele e para todos os envolvidos, e não necessariamente do momento em que *seu* coração deseja que isso aconteça.

SUICÍDIO

Pergunta:
De alguma forma, me vejo no meio da maior confusão que já encontrei. Tenho 28 anos, estou casada há quatro, mas estou com meu marido há dez (menos um ano em que estivemos separados antes do casamento). No ano passado eu me apaixonei por uma colega de trabalho e combati furiosamente meu desejo. Achava que a atitude mais elegante era me abster e procurar reencontrar o amor e a paixão com meu marido e me unir a ele numa "paixão eterna". No entanto, por mais que combatesse meu desejo, não tive sucesso, e mais de uma vez causei sofrimento a meu marido maravilhoso. Cada vez que isso aconteceu, eu contei a ele, por mais difícil que tenha sido ser honesta (e ver o sofrimento e a raiva dele). Eu achava que ele pelo menos merecia saber.

Com o passar dos meses, tentei de tudo, buscando formas menos egoístas e mais delicadas, fracassando e explodindo intermitentemente ao longo do processo. Deixei o emprego que eu amava, na esperança de salvar nosso casamento e reencontrar a mim mesma e a nós. A dor de "perder" uma mulher que eu amava profundamente era grande demais, e certo dia, bem tarde, eu a procurei e passei a noite com ela. A partir daí, há dois meses, começamos a ter um caso, e essa foi a primeira vez que menti para meu marido. No entanto, a culpa está me devorando. Ele superou todas as minhas expectativas em matéria de amor e está vivendo, praticando e incorporando o amor incondicional que eu achava impossível. Diante disso, a culpa, as mentiras e a traição me ferem ainda mais. Sinto que não tenho outra opção senão o suicídio. Eu amo meu marido como meu melhor e mais sincero amigo, mas não consigo desistir do que sinto por essa mulher e com essa mulher. (O sexo com ela vai muito além do físico, e estar com ela nessa condição me faz sentir que algo em mim é desbloqueado.)

Tentei me afastar dela e acabar com a intensa atração que sinto. Já abri mão de praticamente tudo, e não me parece que isso tenha resolvido coisa alguma. Quero amar meu marido como desejava e prometi, mas outra parte de mim parece incapaz de desistir ou reprimir o desejo que sinto por essa mulher mágica.

Inevitavelmente, em situações como esta alguém vai ser ferido, mas só quero sair dessa confusão. Minha mãe se suicidou quando eu tinha 14 anos, e desde então isso sempre me pareceu uma opção. Só essa ideia me ajudou a tolerar muitos anos de sofrimento. Tenho buscado profundamente dentro de mim uma decisão, mas isso parece cada vez mais distante.

É a primeira vez em minha vida que ajo de forma tão egoísta e insensível para com a própria pessoa que menos desejo ferir. Parece que não há saída. Estou procurando, raspando o fundo do poço. Minhas duas dúvidas mais importantes são: você acha que tenho mais possibilidade de encontrar minha mãe se morrer da mesma maneira que ela morreu? Você acha que vou levar comigo essa angústia e esse sofrimento?

Resposta:
Se você ainda não procurou um aconselhamento, pegue o telefone assim que ler esta resposta e procure ajuda para sua situação. Mesmo que você ligue para um telefone de emergência, eles poderão encaminhá-la a alguém que possa ajudar. Esse não é o tipo de problema que possa ser atendido de forma adequada por e-mail.

O suicídio de sua mãe deixou em você cicatrizes profundas que precisam ser elaboradas para que você possa ter uma vida saudável e feliz. Honestamente, não acredito que tirar a vida vá aliviar seu sofrimento, sua confusão e sua culpa. Também não há chance de que isso promova um feliz reencontro entre mãe e filha na vida após a morte, porque sua mãe ainda estará elaborando o sofrimento e a angústia de que tentou fugir. E você também deve reconhecer o efeito do suicídio de sua mãe sobre sua família, que, em vez de resolver problemas, na verdade criou um legado de novos problemas para as pessoas amadas que ela deixou para trás.

Eu realmente não posso lhe dar conselhos úteis sobre seu casamento e sua amante, mas o mais importante agora é recuperar o valor de sua vida e curar o sofrimento do passado. Depois disso, você terá condições de conseguir avaliar seus verdadeiros sentimentos em seus relacionamentos.

3
Casamento

O OBJETIVO DO CASAMENTO

Pergunta:
Devo me casar dentro de alguns meses, e estou passando por uma gama de emoções que vão do medo à euforia pela perspectiva de passar o resto da vida com alguém. Enquanto isso, ainda não consigo ver nenhum propósito real em me casar com essa pessoa tão bonita. Estou errada por pensar tanto nisso? Será que com o tempo vou entender esse objetivo? Por que as pessoas se casam?

Resposta:
As pessoas se casam por diversas razões, mas acho que a melhor delas é se amarem e se dedicarem um ao outro para realizar um amor e um destino espiritual que não conseguiriam alcançar sozinhos. Pode ser preciso uma vida inteira para atingirem juntos esse objetivo sagrado, mas é bom termos desde o início o máximo possível de certeza de que aquela é a pessoa certa para embarcar nessa viagem e com quem ter desde o início a mesma visão do objetivo.

PROBLEMAS DE COMUNICAÇÃO ANTES DO CASAMENTO

Pergunta:

Tenho 24 anos. Estou noiva desde o ano passado, e meu noivo e eu estamos planejando o casamento. Também estamos fisicamente envolvidos há algum tempo. Meus pais não estão felizes com esse relacionamento, mas aceitaram meu noivo por minha causa. Nesse último mês, ele mudou completamente e me trata de uma maneira estranha. Sempre que faço qualquer pergunta sobre ele mesmo ou seu trabalho, ele fica irritado. Antes ele era muito carinhoso e dedicado. Eu ainda não tenho estabilidade profissional, e isso me preocupa muito. Devo levar essa relação adiante ou não? Eu amo meu noivo e não quero perdê-lo.

Resposta:

Esse é um problema menor, que pode ser resolvido com uma comunicação honesta de sentimentos. É claro que ele está estressado com alguma coisa, e isso o deixa irritado. Pode ser o casamento à vista, o trabalho ou alguma coisa bem diferente, como a família dele. Se ele for fechado demais para conversar com você sobre a razão específica da irritação, então pelo menos tente fazê-lo descrever como está se sentindo. Pergunte a ele como pode ajudar, mesmo que seja simplesmente dando apoio moral. Explique que o casamento é uma parceria que depende de confiança, comunicação e apoio mútuos. Essa é uma oportunidade para vocês descobrirem se conseguem atuar bem juntos para lidar com as dificuldades do dia a dia que encontrarão mais tarde na vida de casados.

CASAMENTO ARRANJADO

Pergunta:
Sou um indiano hinduísta na casa dos 30 anos. Depois de muito tempo vivendo solteiro nos Estados Unidos, cedi à pressão de meus pais e concordei com um casamento arranjado na Índia. Minha esposa é uma mulher excelente e carinhosa. No entanto, às vezes não consigo sentir segurança na decisão que tomei. Digo coisas que a incomodam, ridicularizando-a porque sinto um complexo de culpa pelo que fiz. Sei que, se tenho tanto preconceito contra casamentos arranjados, não deveria ter concordado com essa solução. No entanto, tendo concordado, não consigo levar uma vida feliz porque estou cheio de sentimentos negativos.

Como posso resolver esses problemas e partir para uma vida conjugal normal e feliz? Por que estou sendo perturbado por pensamentos negativos sobre coisas que aconteceram no passado?

Resposta:
Você parece estar com muita dificuldade para aceitar seu casamento porque ele não foi iniciativa sua, nem foi precedido por uma atração romântica. Por ter vivido tantos anos nos Estados Unidos, você assimilou a expectativa cultural de que só um casamento de sua escolha honra sua individualidade. Contudo, você precisa perceber que um casamento arranjado também pode respeitar sua individualidade. Do ponto de vista da alma, todos os casamentos são arranjados com base em nossas escolhas. Do ponto de vista da alma, antes mesmo de terem nascido vocês dois decidiram se juntar e se casar. Os detalhes específicos sobre as circunstâncias e a forma pela qual vocês foram reunidos não são importantes,

tenha você conhecido sua esposa por si mesmo ou por meio de seus pais. O importante agora é encontrar e cultivar o amor que uniu suas almas. Existe um mundo infinito de amor a ser descoberto na outra pessoa. Encontre, alimente e deixe crescer esse amor. Assim, você descobrirá seu darma conjugal, o objetivo mais elevado da união de vocês.

Ao entender que você decidiu viver com essa pessoa, você pode descartar as ideias equivocadas de culpa e negatividade. E pelo amor de Deus, pare de projetar sua confusão sobre sua mulher por meio do ridículo. Ela é a sua parceira divina. Trate essa deusa como merece, e ela o ajudará a curar o passado e se encontrar.

ALMAS GÊMEAS

Pergunta:
Como deve ser nosso relacionamento com nossa alma gêmea? A alma gêmea precisa necessariamente ser nosso cônjuge?

Resposta:
Isso tem muito a ver com a definição de "alma gêmea" que escolhemos. Para a maioria, o conceito simples é que a alma gêmea é uma parceira ou um parceiro romântico com quem podemos compartilhar as vidas física, mental, emocional e espiritual. Nesse caso, faz sentido que nosso cônjuge seja nossa alma gêmea.

Outro entendimento é que a alma gêmea é uma alma que complementa perfeitamente a nossa em todos os níveis de expressão e com quem podemos fazer o progresso evolutivo mais rápido. De acordo com essa teoria, nem sempre a alma gêmea encarna ao mesmo tempo que nós. Além disso, mesmo que as duas almas estejam encarnadas, o relacionamento entre elas não é obrigatoriamente romântico. Pode ser um relacionamento de família ou de amizade. Os dois podem ser de sexos opostos ou do mesmo sexo. Podem ter a mesma idade ou idades bem diferentes. O tempo juntos pode durar uma existência ou ser relativamente curto. Todos esses detalhes externos dependem das necessidades de evolução da alma naquele momento.

A DIREÇÃO DO CASAMENTO

Pergunta:
Tenho uma questão relacionada com meu casamento e minhas crenças espirituais. Estamos casados há apenas dois meses, mas já vivemos juntos há quase quatro anos e temos uma filha de 2 anos. Quando começamos a namorar, tínhamos ideias muito parecidas sobre muitas coisas. Quando minha filha nasceu, descobri que estava começando a procurar uma vida mais espiritual. Eu me tornei vegetariana, e comecei a meditar e ler livros sobre espiritualidade. Agora meu marido e eu temos visões bem diferentes sobre a vida, a espiritualidade e a saúde. Isso fica mais evidente quando conversamos sobre o tipo de criação que quero para minha filha. Eu sei que muitos casais têm convicções religiosas diferentes, e isso nem sempre significa que eles não possam ter um relacionamento gratificante. Li seu livro O caminho para o amor, *e essa leitura mudou muito os comportamentos negativos que eu repetia em meus relacionamentos, mas meu marido não está interessado em ver o lado espiritual do casamento. Eu não consigo superar essa questão. Ela sempre surge em discussões, e às vezes sinto que não devíamos estar juntos.*

Muitas vezes escondo do meu marido o que é mais importante para mim, quando tudo o que quero é compartilhar com ele essas coisas fantásticas. Quero que tenhamos uma vida maravilhosa juntos, e também abençoar minha filha com um lar cheio de amor. Amo meu marido profundamente. Ele me ajudou nos últimos dois anos, enquanto eu lutava contra o câncer. Nós passamos por tanta coisa em tão pouco tempo, e não quero que meus sentimentos arruínem nossa relação. Como superar isso?

Resposta:

Quatro anos de casamento não é muito tempo, e isso me diz que vocês ainda têm muito a aprender sobre o outro e sobre as necessidades e metas dos dois. Isso se torna ainda mais verdadeiro se os últimos dois anos foram dominados por uma luta contra o câncer. Vale a pena explorarem juntos o que seu marido considera ser o significado profundo e o objetivo do casamento. Talvez ele não fique à vontade com a linguagem da espiritualidade, da religião ou da nova era, mas se ele pensou sobre essas coisas, é muito possível que vocês descubram um território comum no simples crescimento de seu amor em direção a algo maior que a vida individual de vocês. Muitas pessoas profundamente espirituais têm uma rejeição visceral por pessoas, livros, grupos e até mesmo expressões consideradas espirituais. Não sei se seu marido está nesse caso, mas se isso acontecer, ele pode sentir repulsa pelos aspectos exteriores de seus interesses espirituais, mas não ser afastado por seu verdadeiro crescimento interior. Portanto, veja se existe uma maneira de encontrar um objetivo compartilhado sob suas diferentes expressões externas de espiritualidade Além disso, busque nas perguntas e respostas dessa página da internet um tópico, creio que se chama "Growing Apart", onde já falei sobre essa dificuldade, e os leitores também contribuíram com suas respostas. Mesmo que você decida que o amor de vocês supera as diferenças e os une numa meta compartilhada, talvez seja preciso aceitar que ele não necessariamente aprecia e concorda com suas visões e experiências espirituais e talvez você precise de contatos fora do casamento. Eu lhe desejo o melhor.

CATOLICISMO

Pergunta:
Há alguns anos me converti ao catolicismo, porque parecia a coisa certa para mim, para minha mulher e para meus filhos. No entanto, agora cheguei a uma encruzilhada espiritual, porque não acredito em algumas das questões centrais da religião católica, e sinto que cresci espiritualmente e tenho um entendimento mais universal de Deus (em parte, graças aos seus escritos).

De qualquer maneira, meu problema vem das expectativas da minha mulher, que estou destroçando ao deixar para trás essa religião. Ela se sente traída porque questiono crenças que adotei ao me converter ao catolicismo. Só estou tentando ser honesto comigo mesmo e com ela (e com Deus). Como posso ajudá-la a lidar com isso, já que a questão é muito traumática para ela e potencialmente fatal para nosso casamento?

Resposta:
Você precisa explicar à sua esposa que sua busca da verdade não pretende destroçar a religião católica, mas encontrar com Deus um relacionamento significativo que seja real

para você. Nada que o aproxime de Deus pode contrariar de fato o espírito do catolicismo.

Ela também pode estar satisfeita com sua fé na Igreja Católica, portanto o fato de você olhar mais além dos ensinamentos ortodoxos da Igreja pode parecer à sua esposa uma rejeição a ela e à religião *dela*. Se você puder lhe garantir que não se trata disso, e que você a apoia, bem como o caminho espiritual dela, isso poderá melhorar muito a situação.

CRESCER COM SEU CÔNJUGE

Pergunta:
Como posso viver com alguém que não quer crescer comigo? Meu marido e eu estamos juntos há mais de seis anos, e todo esse período foi cheio de discussões e desentendimentos. Não ajudava em nada o fato de que ambos bebíamos muito. Desde o início ele era muito inseguro, mas há um ano e meio ele sofreu queimaduras muito sérias. Passou vários meses no hospital, perdeu a mão direita e quase morreu. Eu não saí do lado dele, dormia numa cadeira no quarto e ajudava a tratar as feridas. Durante essa experiência, algo me aconteceu e passei a ver as coisas de outra maneira, mas ele continua o mesmo. Não bebo mais, adotei uma alimentação baseada em vegetais e passei a me exercitar regularmente. Até mesmo voltei a estudar. Eu queria isso há muito tempo, mas tinha medo. Aparentemente, não tenho mais tantos medos agora. Vejo a vida de uma forma tão diferente, tudo é novo e maravilhoso. Também cresci como pessoa. Alguma coisa me aconteceu e não posso voltar a ser quem era, mas meu marido não entende. Ele pergunta que fim levou sua esposa. Sinto paz comigo e com a vida, como nunca senti antes, e

não vejo meu marido da mesma forma. Pela primeira vez, posso vê-lo como realmente é, e sinto tanto amor por ele que não depende de ele ser gentil ou não. Às vezes parece que meu coração vai explodir. O problema é que ele não mudou, e está ainda mais inseguro do que antes. Eu o amo e o aceito como é, mas ele não vê isso e estou sempre precisando me defender. Ele se recusa a ser diferente do que sempre foi, e não conhece a pessoa em quem me transformei. Eu tinha certeza de que ele também seria mudado pela experiência que sofreu, principalmente quando me contou que viu um amigo que já morreu há alguns anos, e que se sentiu em paz e não queria voltar. Eu não sabia que algo tinha acontecido na sala de cirurgia, mas quando ele voltou da anestesia estava tão diligente que eu soube que ele voltou por minha causa. Ele ficava repetindo: "Voltei por sua causa, voltei por sua causa." Não sinto que nós estejamos no mesmo caminho de antes e não sei o que fazer. Eu o amo de todo o coração, e todas as coisas que costumavam me irritar nele não me incomodam mais. Só quero ter a chance de amá-lo e mostrar a ele como o amo. Como posso fazer isso se ele continua a me fazer acusações porque está inseguro e prefere continuar perturbado? Por favor, me ajude. Sinto que meu marido e eu estamos em mundos diferentes e acho que vou perdê-lo, quando só quero amá-lo.

Resposta:

Parece que você passou por uma transformação fundamental na orientação de sua vida e no crescimento espiritual, e é apenas natural que você queira compartilhar esse sentimento com seu parceiro. No entanto, pelo que você descreveu do relacionamento de vocês no passado, não parece claro que o casamento tivesse por base uma visão espiritual compartilhada. Portanto, seria fantástico se a vida dele mudasse na mesma direção da sua, mas essa é uma questão que você não pode controlar, além de que, por alguma razão, talvez esse não seja o momento certo para ele. Desde que ele não esteja ativamente sabotando seu crescimento, você pode evoluir tão depressa com ele quanto poderia evoluir em uma condição que não o incluísse. Sendo assim, resta saber se você pode amá-lo e aceitá-lo como é, sem julgar e sem esperar que ele mude também. Se puder, você estará fazendo o melhor que se pode fazer por alguém.

ENERGIAS ESTAGNADAS

Pergunta:
Meu parceiro tem energias bloqueadas (principalmente sobre seu trabalho e seu propósito na vida). Ele não sabe como colocar essas energias em movimento, embora a essa altura pareça disposto a tentar qualquer coisa. Eu o amo demais e sofro por vê-lo estagnado. Como posso ajudá-lo?

Resposta:
Não é nada complicado mover energias estagnadas. Basta saber o que você está sentindo e onde sente o que sente. Depois disso, trata-se de encontrar um canal de expressão confortável para liberar essas energias. Por conta do condicionamento cultural e social, muitas pessoas temem olhar francamente para os próprios sentimentos, portanto, em geral, o primeiro passo é praticar como enxergá-los. Você pode ajudar seu parceiro perguntando-lhe o que está sentindo, como é o que ele sente e se ele consegue localizar algum lugar no corpo onde o sentimento seja mais forte.

Identificar um local físico do sentimento pode ser de grande ajuda para lhe dar substância e definição. Essa sensação física facilita perceber como a energia fica livre depois de ser liberada.

Encontrar uma via de escape para esses sentimentos pode deslocar a energia estagnada. São tantas as maneiras de fazer isso que não dá para enumerá-las. Você pode fazê-lo conversando com alguém, escrevendo, dançando, cantando, caminhando, meditando, praticando ioga, usando sons ou música, praticando atividade física, fazendo jardinagem... qualquer coisa que ajude a ativar aquele sentimento preso para que ele possa ser normalizado. O fator importante é manter uma conexão consciente com o sentimento enquanto você está envolvido na atividade terapêutica; caso contrário, em vez de liberar a energia, talvez você só consiga evitá-la.

AMAR TODO O MUNDO

Pergunta:
Às vezes acho que alguma coisa está errada comigo, porque me apaixono o tempo todo por todo mundo (homens ou mulheres). Amo todas as pessoas que conheço. Não é um problema sexual. Sou casada e tenho dois filhos, mas meu coração tem um problema. Não sei por que razão, quando converso ou convivo com alguém, a energia da pessoa me envolve e minha energia responde da mesma maneira. É como uma dança de energias. Não é preciso estar perto de alguém, minha alma sabe imediatamente quando alguém está pensando em mim com amor, e naquele momento a dança começa. O verdadeiro problema é meu marido. Ele

não consegue entender por que sou tão receptiva e tenho tantos relacionamentos com pessoas. É difícil romper esse casamento. Estamos juntos há 13 anos. Não sei o que devo fazer, porque ele fica mais nervoso a cada dia. Estou convencida de que nos tornamos incompatíveis. Ele precisa de mim, mas ao mesmo tempo, seu ciúme me causa sofrimento, e às vezes ele chega a ser violento. Não sinto que eu queira ficar com alguém. Eu me amo, e isso basta. Mas talvez essa incapacidade de resolver meu problema seja causada por meu carma. O que devo fazer?

Resposta:

Tudo indica que você é um espírito muito receptivo e amoroso. Você começou a carta questionando se existe alguma coisa errada com você, e depois diz que o problema é a incapacidade de seu marido para aceitar sua natureza. Portanto, me pergunto se, à parte os problemas do seu marido, você tem alguma dificuldade associada com sua interação livre e franca com os outros. O fato de se apaixonar por todos os que encontra já lhe causou problemas ou mal-entendidos? Você está completamente à vontade com essa parte de sua natureza? Nesse caso, se você quiser continuar a viver com seu marido, terá que lhe explicar que esses sentimentos não envolvem sexo e não ameaçam a pessoa dele ou o casamento. Isso pode funcionar ou não. Desconheço a disposição de seu marido para aceitar ideias novas, mas se ele for violento novamente, você deve deixá-lo.

Por outro lado, se essa sua extrema sensibilidade emocional aos estranhos lhe causa dificuldades, será bom procurar estabelecer limites emocionais mais firmes e aprender a discernir entre o que você sente e o que os outros sentem.

DISTANCIAMENTO

Pergunta:

Não sei o que fazer com meu marido: ele é uma boa pessoa, mas é totalmente materialista. Para ele, o poder é tudo. Ele vive para ganhar dinheiro e quase sempre se sente muito infeliz. Sinto que estamos nos distanciando porque não posso retroceder, e ele evidentemente não quer avançar. Essa situação me entristece muito porque o amo e sei que ele está infeliz e deprimido por sua falta de espiritualidade, por sua incapacidade de ver a vida por outro ângulo.

Qual é a minha situação aqui? Ele diz que eu mudei muito e que não sou a pessoa com quem se casou. Às vezes ele pode ser muito arrogante, e não sei como lidar com suas variações de humor. Como posso ajudá-lo? Devo tentar? E que concessões posso fazer sem trair a mim mesma?

Resposta:

Com certeza essa é uma situação difícil, e não consigo oferecer uma solução simples que resolva a questão com facilidade. Sua ênfase não deve ser como ajudar seu marido, porque nada em sua carta indica que ele associe a própria infelicidade aos valores que adota, portanto é improvável que ele sinta necessidade de ajuda neste momento.

O amor que vocês compartilham no casamento é precioso, e essa pode ser a chave para encontrar o propósito mais amplo de sua parceria. Se vocês dois puderem descobrir um propósito espiritual comum, seu objetivo mais elevado, então você poderá constatar que o materialismo explícito do seu marido não é problema para você, e que seu desinteresse pelo poder não é problema para ele, porque ambos podem encontrar outras maneiras de se apoiarem mutuamente. Muitas vezes, casais com visões bem diferentes do crescimento individual podem ser parceiros harmoniosos se cada um respeitar totalmente o crescimento pessoal do outro e o papel que o outro desempenha na consecução dos objetivos que ambos compartilham. Nesse contexto, as concessões não traem a integridade pessoal de ninguém porque beneficiam uma união mais profunda entre os dois.

Por outro lado, mesmo com muito amor, se não conseguimos encontrar uma meta comum ou respeitar o caminho do outro, esses surtos divergentes de crescimento podem ser um sinal de que precisamos encontrar outro contexto amoroso no qual o crescimento espiritual possa ser mantido.

ENERGIA ENTRE MARIDO E MULHER

Pergunta:
Observo maus pensamentos quando meu marido olha para mim e fala comigo. Deixo que esses pensamentos me façam mal, sabendo que nossas energias não estão sincronizadas. O que você faria?

Resposta:
É muito importante estar em harmonia com a pessoa com quem nos casamos, mas também é importante ser honesto com os sentimentos de cada um. Eu começaria por colocar as cartas na mesa. Descubra o que seu marido sente, em vez de tentar ler sinais invisíveis. Você pode estar sentindo energias dirigidas a você, ou ele pode ter problemas em outra área sem conseguir manifestá-los. De qualquer maneira, descubra o que está acontecendo e converse sobre isso. Com certeza você não deve se tornar vítima de uma negatividade

que não consegue sequer identificar. Se o amor em vocês for sólido, você poderá vencer esse obstáculo se entender que o casamento mais perfeito não é aquele que é feliz o tempo todo, mas aquele que consegue refazer o caminho para a felicidade quando as coisas ficam difíceis.

PÁGINAS MATINAIS

Pergunta:
Um método de meditação que uso é escrever páginas matinais. Muitas vezes, quando escrevo, estou apenas jogando para fora coisas que me causam raiva ou pessoas que me incomodam. Há ocasiões em que velhas feridas emergem. Continuo a escrever, e logo me sinto mais leve e pronto para encarar o dia. Faço isso há muitos anos e sinto que me ajuda muito. Geralmente escrevo em folhas de papel usadas e depois jogo essas folhas no lixo. Uma espécie de gesto simbólico de "jogar o lixo fora" para deixar que o Universo recicle essas coisas como achar melhor. Um dia, minha mulher encontrou no lixo uma de minhas páginas. Eu tinha escrito algumas coisas pesadas sobre ela. Coisas que pretendia conversar com ela quando terminasse de fazer um giro emocional daquilo tudo. A partir de então e durante algum tempo, minha mulher passou a ler meu diário matinal e acumulou um ressentimento considerável. Ela se ressentia de que às vezes eu tivesse dito o que disse no contexto de preces. (Geralmente começo por manifestar reconhecimento à Mente Única ou à Presença Única para que ela me ajude a me livrar do lixo.) Minha pergunta é: no contexto de minhas páginas matinais, ou de meu desabafo, estou inadvertidamente criando alguma

coisa, ou na verdade estou liberando alguma coisa? Se, sem saber, eu tivesse invocado algum mal para minha mulher, isso me deixaria muito triste.

Resposta:
Para determinar se está de fato liberando a energia, em vez de fortalecê-la, você precisa ver se as questões que começou a ventilar há muitos anos melhoraram ou se transformaram em problemas maiores ou mais profundos. Se você determinar que está progredindo, explique à sua mulher como esse processo de escrita matinal o ajuda a se tornar um marido mais amoroso e feliz. Diga a ela que o que você escreve é apenas o subproduto de sua cura emocional, e não tem como objetivo comunicar a ela ou a qualquer pessoa o que você quer que os outros saibam a seu respeito. A escrita pode ser entendida como uma espécie de curativo que é jogado fora quando a ferida sara. Você pode descobrir que sua mente ficará mais confortável se você rasgar seus escritos todo dia para que eles não possam causar danos, sendo lidos por sua esposa. Você pode até mesmo fazer da destruição dos escritos uma parte do ritual de liberação em que você conscientemente entrega esses sentimentos à totalidade.

EQUÍVOCOS SOBRE A EXPRESSÃO "VIVER NO ETERNO PRESENTE"

Pergunta:
Estou envolvida num relacionamento há 15 anos. Eu achava que tínhamos uma relação de compromisso e amor. Meu companheiro estava trabalhando longe de casa e se envolveu com uma mulher. Ao saber disso, fiquei muito perturbada.

Eu o confrontei e conversei com a mulher com quem ele se envolveu. Ele assumiu o compromisso de ficar comigo e se esforçar pela restauração de nosso relacionamento. A mulher com quem ele se envolveu costuma citar o que você escreve, mas distorce suas opiniões para atender às necessidades dela. Estou tentando ajudar meu namorado a entender o que significa fazer parte de um relacionamento saudável e honesto.

Eis algumas citações suas que ela usou para justificar o caso deles:

"Somos viajantes numa jornada cósmica... poeira de estrelas, girando e dançando nas correntes e nos redemoinhos do infinito. A vida é eterna. No entanto, as expressões da vida são efêmeras, momentâneas e transitórias. Paramos por um momento para encontrar-nos, conhecer-nos, amar-nos e compartilhar. Este é um momento precioso, mas passageiro. É um pequeno parêntese na eternidade. Se realizarmos uma troca com afeto, leveza e amor, criaremos abundância e alegria para ambos. Então esse momento terá valido a pena."

O que isso significa? Você está afirmando que não faz mal dormir por aí e trair o parceiro desde que se desfrute o momento? Sou budista, e tenho muito respeito por seus ensinamentos, mas fiquei surpresa ao ver como as pessoas interpretam suas palavras. Como posso explicar isso no verdadeiro contexto do que você quis dizer?

Resposta:
Essa citação fala de enfatizar a plena experiência de viver no presente para desfrutar realização e alegria. Não é uma autorização para a promiscuidade ou o hedonismo. O que muita gente não percebe é que a busca pela felicidade e pelo prazer nas coisas externas se baseia na crença de que essas coisas não estão disponíveis aqui, agora mesmo, em nosso

relacionamento, trabalho, família, estado de espírito e corpo atuais. Quando estamos no presente, experimentamos o infinito no que é passageiro a partir da perspectiva de nossa presença eterna. Esse é o momento que vale a pena.

Se imaginarmos que a felicidade é algo que capturamos em encontros fortuitos, estaremos nos vendo como centelhas efêmeras que tentam agarrar o infinito — uma completa inversão. Nossas responsabilidades atuais, nossas ligações de confiança e nossas obrigações são parte essencial da realidade presente. Buscar a realização fora dessa realidade significa tentar encontrar a felicidade fora de si mesmo. Isso não é o momento que vale a pena a que me referi.

SUSCETIBILIDADE A EMOÇÕES PREJUDICIAIS

Pergunta:
Moro junto a um lago e sou beneficiada pelos sons calmantes da água. As ondas ecoam minha respiração, o vento se torna minha respiração, e tudo isso me cerca e está dentro de mim. Isso é glorioso, e me sinto em casa.

No entanto, assim que meu marido chega com seu mau humor e seus comentários, o encanto se quebra! Então eu realmente experimento ressentimento por ele destruir minha paz (apesar de saber que quem faz isso sou eu).

Antes de sair para trabalhar, reservo algum tempo para ficar em silêncio. Sinto que estou cheia de luz. No trabalho (como enfermeira), tenho toda a intenção de ser útil a meus pacientes e fazer diferença com cada palavra, gesto ou atenção que possa lhes prestar. Sei que tenho sorte por ter essa vocação.

O ambiente da instituição, principalmente agora, é de incerteza e caos, com cortes de pessoal e de orçamento. Meus colegas se queixam, sentem-se desvalorizados e são obrigados a trabalhar mais do que o normal. Eu entro em sintonia com a consciência coletiva... sou como uma esponja, absorvendo o humor da equipe e do lugar. Acabo por me queixar, talvez não tanto quanto fazia no passado, mas ainda me queixo. Sinto-me desestimulada, derrotada e péssima por não ter sido capaz de evitar a influência das forças externas.

Vejo um pouco de progresso, mas queria tanto estar sentada em minha pedra à beira do lago...

Por que sou tão fraca? Será que preciso me mudar para uma caverna ou um monastério para me afastar das críticas e da negatividade que pareço estar absorvendo? Será que sou vazia como uma esponja e, por essa razão, suscetível e sujeita a sugestões? Como podemos ficar surdos à tremenda negatividade dos outros e não ser absorvidos? Isso melhora? Sinto tanta frustração e fracasso quando isso acontece! Às vezes passo a viagem de volta para casa chorando.

Além disso, como saber se as situações e pessoas são perniciosas ou se são personagens importantes nessa peça? A partir de onde o esforço para manter os relacionamentos vivos passa a ser demais?

Resposta:

Não acho que você tenha fracassado ou seja fraca. Acredito que você só precisa encontrar uma maneira de tornar mais portátil e acessível durante todo o dia a paz que sente quando está em comunhão com a natureza. Se durante o dia você irradiar um sentimento de paz, gratidão e tranquilidade a seu redor, então já estará completa e não absorverá os sentimentos negativos que a cercam.

Tente se lembrar de uma época em que se sentia equilibrada, feliz e à vontade no meio de uma situação difícil. Recorde tudo sobre as sensações de seu corpo, a respiração natural, os músculos relaxados, a postura descontraída e ereta. Perceba tudo sobre aquele estado e observe que isso é viver sua verdade no mundo real. Aquela foi uma circunstância em que você criou a presença de seu Ser silencioso no meio da ação real. Atribua a esse estado um nome e uma imagem para ancorar essa experiência no corpo e na mente. Lembre-se dessa presença dentro de você sempre que precisar, em casa ou no trabalho, para ter uma referência desse espaço interior cheio de paz. Algumas pessoas gostam de carregar uma foto como lembrete visual. Se quiser, você pode tirar uma foto de si mesma sentada em sua pedra no lago e colocá-la em seu local de trabalho ou usá-la como protetor de tela no computador. Ou ainda usar um pingente ou um anel que possa tocar e ver periodicamente, quando quiser levar a atenção para seu centro de equilíbrio. Seja criativa e descubra o que funciona melhor em seu caso.

Com o tempo você descobrirá que os circunstantes já não conseguem desequilibrá-la e que sua própria influência positiva passa a ser sentida cada vez mais a seu redor. Você já comentou que percebeu um pequeno progresso causado por sua influência no local de trabalho. Isso vai continuar a crescer, mas sem que você se sinta tão desgastada e desestimulada.

ESPOSA DE PASTOR

Pergunta:

Sou uma jovem sul-africana e me casei aos 19 anos com um pastor que fundou e dirige uma igreja cristã. Nos últimos anos, aconteceram em meu casamento coisas que me fizeram perceber que não quero continuar casada com meu marido, e não vejo um futuro para mim como líder nessa igreja cristã tradicional. Contudo, minha família e os líderes em minha comunidade desaconselham uma separação do meu marido, embora ele venha mantendo uma relação extraconjugal há tempos, seja um mentiroso patológico e tenha problemas de controlar a raiva, que se manifestam como um temperamento explosivo. A mensagem dessas pessoas para mim é que os casamentos são assim mesmo, e eu só preciso ser uma esposa forte e continuar com meu marido apesar de tudo, porque nosso casamento foi ordenado por Deus e, portanto, estarei contrariando a vontade de Deus se me separar. Ouvi falar de um princípio segundo o qual nos casamos com nós mesmos. Acredito que, se meu marido é uma verdadeira manifestação do estado da minha consciência, tenho o direito de me afastar até mesmo do meu casamento para lidar com essas questões em meu interior.

Tenho medo de cometer um erro e jogar fora o que as pessoas e minha sociedade consideram importante (casamento), mas desejo viver uma vida autêntica, sendo fiel ao que meu coração diz que é certo. Meu marido é uma boa pessoa, e tem suas fraquezas e comete erros, como qualquer um, mas não posso viver com ele, e acredito que a necessidade de dar uma nova direção à minha vida pode ter sido causada por tudo o que aconteceu em nosso casamento até agora. O que devo fazer?

Resposta:

Você parece ser uma jovem inteligente, madura e ponderada, e a ideia de tirar algum tempo para resolver os problemas internos que são refletidos no casamento faz o maior sentido para mim. E isso é ainda mais verdadeiro se seu marido não estiver interessado em conversar e resolver esses problemas com você. Eu entendo a dificuldade de encontrar sua vida autêntica quando a família e a comunidade só querem que você se conforme com o que eles esperam de você, de modo que as vidas deles não sofram nenhuma perturbação. Contudo, lembre-se, estamos falando de sua vida, não da vida deles.

É admirável que você não se limite a culpar seu marido e ir embora, que esteja interessada em usar essa dificuldade como forma de encontrar um significado mais profundo para sua vida e uma expressão mais autêntica de si mesma. Seus instintos são corretos, e sei que você vai descobrir um caminho para avançar em direção a uma vida mais cheia da luz de Deus.

CONFUSÃO CONJUGAL

Pergunta:

Vivo com meu marido há quase 13 anos, mas estamos casados há cinco. Temos muitos filhos. Ele sempre foi controlador, e eu aceitava essa atitude porque pensava: "Ele é o meu homem, o pai de meus filhos, e tenho que ser tolerante." No entanto, com o tempo (na verdade, depois que passei a praticar ioga e conheci o ayurveda) comecei a ver que não gostava de ser controlada o tempo todo. Descobri do que gosto e do que não gosto: aonde ir, o que usar, com quem conversar. E comecei a contradizê-lo, o que o deixou chocado e fez com o que se tornasse ainda mais controlador. Ele quer ler minhas mensagens de texto, confere a lista de chamadas telefônicas para ver com quem falei e quem telefonou para mim, raramente me deixa sair de casa sem ele; quando isso acontece, tenho que levar as crianças comigo. Se ele percebe que recebi um torpedo, fica no meu pé tentando lê-lo. Ele diz que não confia em mim. Em todos os anos em que estivemos juntos, nunca fiz nada errado e nunca lhe dei motivos para me julgar mal. Sempre fui uma boa parceira. Para ser honesta, com todo esse tratamento abusivo ao longo dos anos, estou cansada de ser gentil! Estou muito zangada com ele. Não quero tê-lo por perto, e não quero que me toque. No passado, ele me ameaçou várias vezes com divórcio, sempre que não fiz alguma coisa que ele queria (por exemplo, ter um filho, sair para trabalhar contra a vontade dele etc.).

Finalmente cheguei ao ponto de dizer: "Está certo, eu também não quero mais você." Bem, agora ele age como se estivesse tentando me conquistar, mas eu não aceito mais isso. Ele disse que só me tratou como tratou por causa de um amigo meu de quem ele não gosta. Ele diz que tinha ciúme, e por isso tentava me controlar. Mas ele nunca falou isso antes. Agora afirma que podemos continuar casados se eu abrir mão desse amigo e então nossa vida será melhor.

E agora, eis o meu problema: depois de todos esses anos de maus-tratos, eu não quero desistir do meu amigo. É claro que meu amigo está a milhares de quilômetros de distância, em outro país, e talvez eu nunca mais torne a vê-lo, mas faço muitas coisas com base em minha intuição, ela nunca falhou e nesse caso diz não. E meu bom senso também diz que não, que meu marido foi tão mau para mim e que nada vai mudar se eu desistir do meu amigo. Meus sentimentos por ele são muito fortes e não quero desistir dele. Durante muito tempo fomos apenas amigos e nada aconteceu. Admito que agi mal e, há algum tempo, quando meu marido e eu nos separamos, fui visitar esse amigo e ficamos mais íntimos, se é que você me entende. Eu sei que ele nunca poderia ser meu companheiro porque tem outra pessoa. Por essa razão, tudo isso é moralmente errado, mas na época eu estava tão confusa com minha vida que não me importei. No entanto, desde então eu sinto que não tenho o direito de voltar para meu marido por causa do que fiz — mesmo que eu quisesse viver com ele. Acho que não mereço. Mas também não quero. Quero meu amigo, a quem realmente amo, mas não posso ter. Nunca me senti assim com ninguém. No entanto, vamos continuar amigos, já que só posso vê-lo assim. Você entende o que estou dizendo? Mas me sinto mal por causa das crianças, e sinto pena do meu marido, porque não posso contar a ele o que aconteceu. Isso iria deixá-lo arrasado, e não quero fazer isso. Também não quero viver sozinha pelo resto da vida. Tenho medo do futuro. Tenho medo do que sinto. Tenho medo de tomar a decisão errada e não perceber até que seja tarde demais, quando já não tiver volta. Meu marido me ameaça o tempo todo, dizendo que vai me destruir financeira e mentalmente. É por isso que não quero mais viver com ele, mas estou com tanto medo que o mandei embora. Ele não me escuta. É terrível. Estou muito confusa e não sei o que fazer de minha vida.

Resposta:
Você provavelmente não vai gostar da minha sugestão, mas aqui vai: acredito que seu caminho para o bem-estar vai exigir que você comece exatamente onde está, com as pessoas que a cercam, e não imaginando uma fuga. Parece

que a maior parte da tensão em seu relacionamento com seu marido é causada pela culpa que você sente por ter tido um caso com seu "amigo". Mesmo que você não tenha contado a seu marido para não deixá-lo arrasado, parece que isso já arrasou a confiança entre vocês. Você diz que não quer passar o resto da vida com medo e sozinha. Bem, as coisas não vão melhorar porque você quer estar com seu "amigo", que já tem outra pessoa, enquanto a situação com seu marido e seus filhos continua a deteriorar. Olhe a seu redor, para as pessoas que vivem em sua casa neste momento. São elas as pessoas de que você precisa para criar a vida que deseja, assim como a situação atual é aquela de que você precisa para criar a vida que deseja. Seja honesta consigo mesma sobre sua situação. Você não foi má porque transou com seu amigo, mas você não estará sendo honesta consigo mesma se mantiver um relacionamento com ele, desejando que de alguma maneira ele a tire de uma situação infeliz, mesmo sabendo que o caso de vocês não tem futuro. Você diz que vai continuar amiga dele se essa for a única maneira de se relacionarem. Isso não é uma boa ideia. Ele não é seu — isso não é uma amizade, é uma fantasia romântica avariada que você tenta manter chamando-a de amizade. Esse jogo de faz de conta é o que a deixa infeliz e confusa. Essa fantasia está arruinando o relacionamento entre você e seu marido, mesmo que não tenha sido a causa primária dos problemas conjugais. Sua clareza mental e sua felicidade dependem de você dar fim a esse delírio. Depois disso, seja honesta com seu marido. Com base em sua mensagem, concluo que ele não é compreensivo ou tolerante, mas a desconfiança e a culpa que já existem são tão prejudiciais que o relacionamento não terá a menor chance se não houver honestidade. Se o casamento não sobreviver, pelo menos você não terá adiado o fim inevitável com mais traição e medo. Por outro lado, se vocês concordarem em tentar solucionar a situação, essa honestidade será uma base sobre a qual poderão restaurar a confiança, o perdão e o afeto. Esse seu processo de retorno à realidade também é essencial para o bem-estar de seus filhos.

DECISÃO SOBRE CASAMENTO

Pergunta:
No caminho para a percepção e a iluminação, acredito que devemos a nós mesmos assumir a plena responsabilidade pelo que criamos e pelas circunstâncias em que nos encontramos; ninguém mais é responsável ou capaz de assumir a "culpa" em nosso lugar. Isso envolve um exame de consciência para conhecer ou revelar os padrões e pontos cegos que podem limitar nossa criatividade e nossos poderes de deliberação. Tudo ao nosso redor é um espelho que nos ajuda nessa tarefa. Acho que você não vai discordar dessa perspectiva, e eu ficaria muito grata por seu comentário ponderado, mas objetivo, sobre a seguinte questão.

Embora eu tenha a sorte de ter conquistado uma clareza razoável em muitas áreas de minha vida, e tenha liberdade e um acesso cada vez maior ao poder pessoal, existe uma área em que me sinto extremamente ineficaz e em dúvida sobre onde começam e terminam as responsabilidades; essa área é o casamento, sobretudo quando existem dois filhos pequenos, como em meu caso. Eu cresci e mudei graças ao apoio carinhoso de meu marido, que é um "bom" marido. Não posso me queixar de violência ou descaso. A coisa é muito mais sutil e confusa. Enquanto eu exponho cons-

tantemente a mim, a meus padrões e a meus pontos cegos e trato de corrigi-los, ele usa essas coisas como armas para provar que eu sou e sempre fui o problema. Quase nunca ele assume a responsabilidade pelas próprias contribuições para os padrões negativos ou pouco saudáveis que surgem. Veja, isso pode ser como uma crucificação e acaba por se tornar mais um padrão! Enquanto eu sempre vejo tudo, todos e qualquer situação como oportunidades de aprendizagem e crescimento ou como reflexos de problemas e lutas internos, já não consigo ver nenhuma aprendizagem e crescimento dentro desse casamento; ou então — e isso é o que me assusta — eu perdi de vista que isso é na verdade uma difícil curva de aprendizagem que não devo abandonar por considerá-la sufocante ou negativa. Sei que não existem respostas erradas, mas nesse caso, estou apavorada com a ideia de permanecer num casamento que não me ajuda a crescer, e igualmente apavorada com a ideia de abandonar um casamento potencialmente fantástico. No momento, o casamento não é bom. Vejo que agora estou obtendo intimidade, conexão, alegria e risos fora de casa, com os amigos. Conversei com meu marido sobre isso, e agora sou vista como "traidora".

Ele adota teorias simplista de que o que conta é a energia e precisamos apenas "respeitar nossa energia". Também acha que não há necessidade de "nos punirmos", já que o passado é passado, e é irrelevante. Acredito que ele esteja parcialmente certo, mas penso que o autoconhecimento e a limpeza das janelas deixa brilhar nossa luz mais intensa, límpida e forte, se fizermos essa autopercepção funcionar.

No âmago das ideias de rendição e aceitação, mas também no que se refere a nossos poderes criativos e de intenção, você acha que essas circunstâncias são algo que convidei à minha vida para aprender uma lição que deve ser muito difícil (já que não consigo entendê-la), ou isso é uma circunstância que devo mudar e deixar para trás? (Existe o aspecto adicional de que temos um desses casamentos que são, em geral, muito bons. Ninguém entenderia ou acreditaria se nós nos separássemos. Às vezes sinto que estou chorando de barriga cheia e que muitas mulheres dariam qualquer coisa para ter um casamento tão bom quanto o meu, mas não sou qualquer mulher, e meus padrões para qualquer relacionamento são muito altos.)

Os fatos básicos que não consigo ignorar são:

A) Ultimamente, minha energia fica muito baixa quando estou com meu marido. (Isso significa que existe um ponto cego que faz de tudo para me distrair porque não quer ser visto, ou que meu marido na verdade rouba energia?)

B) Sou fundamentalmente, arquetipicamente, sexualmente, socialmente uma pessoa muitíssimo passional, alegre e divertida. Ele não é. É sério, introspectivo, preso a uma dinâmica de pai e filha na qual sou a filha atrevida que sai e se diverte, e ele telefona para mim para "ver se estou bem". Tenho 35 anos, e ele, 42. No entanto, eu abandonei essa dinâmica e cresci; ela não me agrada mais.

Temos dois filhos lindos. Naturalmente desejo o melhor para eles, e não quero tomar uma decisão que mude nossas vidas se isso não for necessário. Se na cultura indiana é possível aprender a viver e ficar com a mesma pessoa por toda a vida, a gente não deve tomar esse caminho hedonista que estou tomando, não é mesmo?

Resposta:

Você descreveu um dilema difícil e altamente pessoal. Sua situação não é tão nítida que admita uma solução simples do tipo "fique onde está" ou "saia correndo". Acredito que será útil você compreender como suas premissas ocultas perpetuam o dilema e limitam suas opções. Por exemplo, você parece acreditar que o aprendizado e o crescimento no casamento só são aceitáveis se atenderem a algum padrão interno de conforto e inteligibilidade. Não digo que isso esteja errado, mas acho que a falta de clareza sobre esses padrões está mantendo a decisão mais ampla numa espécie de limbo. Por outro lado, a questão de ser bom ou não para nós permanecermos envolvidos num relacionamento desvia nossa atenção daquilo que é nossa experiência concreta, presente, da vida real. Você parece partir do princípio de que uma mudança significativa só pode acontecer se você encerrar o relacionamento.

Quando um relacionamento deflagra questões profundas e complexas, é natural nos distanciarmos do problema ou mudarmos de assunto como mecanismo de defesa. Muitas vezes criamos um dilema confuso e impossível para nos proteger do que consideramos ser um processo de cura assustador. Posso ver que as diferenças descritas entre você e seu marido são reais, mas o simples fato de você pensar que ele não cresceu tanto quanto você não leva à conclusão de que o seu crescimento esteja sendo limitado. Se você puder se concentrar no processo evolutivo particular que esse momento de sua vida lhe oferece, terá mais facilidade para decidir se a continuidade desse relacionamento ainda pode ser útil para você ou não.

4

Fim dos relacionamentos

CASAMENTO E DIVÓRCIO

Pergunta:
Minha mulher e eu estamos casados há seis anos e juntos há oito. No momento, ela acha que "se desapaixonou por mim" e tem certeza de que não pode ser feliz no casamento comigo. Quero ver se podemos trazer de volta a felicidade que tínhamos no casamento, mas ela não quer, porque acha que há quatro anos vem tentando "fazer a coisa funcionar", continuando casada e fingindo me amar "daquela maneira", apesar de não ser verdade, na esperança de reacender em nós os sentimentos românticos.

Nessas circunstâncias, o casamento deve ser encerrado? Não quero continuar numa relação insatisfatória, mas também acredito que, se abrimos os corações e as linhas de comunicação um para o outro, poderemos começar a viagem de volta à estrada do amor. Eu sei que não posso decidir por ela, mas até quando se deve insistir naquilo que o coração e o espírito lhe dizem que é amor de verdade?

Resposta:
É uma situação muito difícil no relacionamento quando um dos cônjuges diz que está apaixonado e quer resolver

as diferenças e o outro já não está mais amando e não quer continuar a tentar. Se com uma conversa de coração com a sua esposa você puder encontrar uma semente de amor sob o que hoje é sofrimento e desesperança, talvez tenha uma base sobre a qual reconstruir o relacionamento. Contudo, se sua esposa tiver certeza de que já não o ama e não quiser tentar recuperar o casamento, fica difícil ver um futuro para a parceria de vocês. Você não pode apagar seu sentimento de amor, nem deve tentar fazer isso, mas um casamento viável é uma via de mão dupla de amor e respeito, e se ela prefere não continuar a fazer parte desse relacionamento, você precisará descobrir uma nova forma de manifestar seus sentimentos.

AMOR DESPRENDIDO

Pergunta:
Eu me pergunto se existe uma maneira de amar alguém de forma totalmente desprendida — sem apego. Estou envolvida num relacionamento que me dá uma imensa alegria e percepção. Contudo, o sofrimento quando o relacionamento acabou (ou quando nosso padrão de comportamento mudou porque ele se tornou mais "amigo" que parceiro) foi quase tão grande ou até maior que a alegria que o relacionamento me trouxe (e ainda traz). A ideia de perdê-lo completamente (de que ele deixe de fazer parte de minha vida) é muito dolorosa, o que me mostra o quanto me apeguei a ele. Não tenho certeza se estou apegada a ele, ao próprio relacionamento ou a ambos; estou apenas questionando se você acha possível realmente amar alguém sem o apego que, em minha opinião, é o que causa mais sofrimento quando o relacionamento termina ou

muda. Se isso é possível, como fazê-lo? Que parte de nossa atitude em relação ao parceiro e/ou ao relacionamento deve ser alterada?

Resposta:
Às vezes os indivíduos que seguem um caminho espiritual querem usar um estado de desapego como objetivo para superar a dor da perda emocional. No entanto, as coisas não acontecem assim. O processo de sofrer e curar o coração tem que acontecer nos próprios termos. O amor está sempre tentando unificar, portanto, para lidar com a perda, o coração precisa acabar por encontrar no relacionamento um nível mais profundo de unidade para curar a ruptura. O desapego não é uma atitude, é uma visão clara de quem e o que você realmente é ou não é. O processo de não continuar a se identificar equivocadamente com o não ser é chamado de desapego. Ele pode coexistir com o amor, mas não pode ser cultivado por meio de uma atitude mental de indiferença ou de autossuficiência. O desapego deve surgir do fato de alguém conhecer a verdade sobre si mesmo. Esse nível de realidade serve como base tanto para o amor quanto para o desapego, porque nossa essência é igual à essência de todas as outras pessoas, e é aí que somos todos um.

PERDÃO

Pergunta:
De um ponto de vista espiritual, qual é a dinâmica do verdadeiro perdão? Estou com muita raiva de alguém, mas me sinto mal por estar zangado. O objetivo do perdão é eu ser capaz de abrir mão ou é beneficiar a pessoa com quem estou zangado? E

perdoar significa esquecer o que aconteceu e receber essa pessoa de volta em minha vida? Existem situações imperdoáveis?

Resposta:
O perdão é mais benéfico a você. Perdoar não significa esquecer o que aconteceu nem necessariamente receber de volta em sua vida aquela pessoa. Manifeste a raiva que você sente, mas não deixe que ela se torne um veneno e se transforme em amargura e ressentimentos, ou culpa por estar zangado. Perdoar a si mesmo exige que nos vejamos como nosso Ser maior, e não como o Ser pequeno e limitado que pode ser ferido ou transformado em vítima. O Ser maior é o valor que testemunha e que não pode ser afetado pelas palavras ou ações alheias, e essa consciência pura é quem você realmente é. A partir desse ponto de vista, tudo pode ser perdoado, porque nada no mundo relativo pode mudar ou ferir essa verdade.

A IDENTIFICAÇÃO NOS RELACIONAMENTOS

Pergunta:
Recentemente eu estava num relacionamento em que assumia toda a responsabilidade por qualquer problema entre nós. Eu partia do princípio de que todo relacionamento é um voo solo realizado com um companheiro com o objetivo de mútua exploração, crescimento e felicidade.

Assumir toda a responsabilidade e nunca mostrar à outra pessoa os problemas parecia uma boa ideia, na época. Eu esperava que minha parceira pegasse o mote e começasse a aceitar a responsabilidade pelas próprias ações e emoções, mas o que aconteceu foi que ela concordava com a ideia de que tudo era minha culpa. E depois disso ela concluiu que eu não estava preocupado com os sentimentos dela, e que eu era o único problema. Adotei a abordagem de que cada um é responsável por si mesmo para sair do comportamento costumeiro e de culpa/vítima ou "você me causa...". Talvez eu tenha prestado um desserviço a ela e a nosso relacionamento por não ter feito uma concessão e jogado esse jogo, mas acho que esta seria uma concessão doentia. Até onde posso ver, o fracasso de nosso relacionamento foi um erro, mas é claro que as coisas não poderiam ter acontecido de outra maneira. Em nosso relacionamento também acontecia que quando um "se chegava" o outro "recuava", e em minha opinião isso também não funciona. Apesar disso, sempre achei e continuo a achar que existe um significado mais profundo em nosso relacionamento, e esse é meu infortúnio.

Resposta:

É natural sentir decepção e tristeza com o fim do relacionamento. Encontrar o significado mais profundo do relacionamento, se é que ele existe, não é o mais importante para você agora. Neste momento, é bastante chegar a termo com a perda e conseguir encerrar esse capítulo. Sua carta mostra a indiscutível sinceridade com que você tentou fazer o relacionamento crescer. Também é muito pungente seu sentimento de perplexidade por seus esforços não terem sido suficientes. Não é fácil aprender a aceitar um resultado que contraria o desejo de nosso coração. Acredito que você ganha muito mais por não ter jogado o "jogo da culpa". Ele não teria ajudado o relacionamento. Seja leniente consigo mesmo e dê-se algum tempo para curar a ferida.

Ser maduro num relacionamento e assumir a responsabilidade também depende de manter as questões em perspectiva. Você disse que assumia a responsabilidade integral por todos os problemas do relacionamento, e como sabemos que em qualquer relacionamento isso não pode ser verdade, você não estava sendo completamente honesto. Você só deveria assumir a responsabilidade por sua contribuição para o problema. Eu entendo que responder por tudo era uma espécie de gesto magnânimo que pretendia mostrar a ela que é seguro admitir o próprio papel numa dificuldade. Não há nada de errado nisso. Mas essa atitude também revela uma forte expectativa de que sua parceira agisse de acordo com seu projeto, o que o deixou numa situação ambígua quando ela não fez o que você esperava.

Outro aspecto de manter a perspectiva é conhecer e aceitar a pessoa com quem está lidando. Todo mundo cresce no momento e no ritmo mais confortável para si. O que para você pode parecer uma abertura genuína para resolver um problema e uma oportunidade de curar e aprofundar o relacionamento, pode parecer para ela um comportamento ameaçador, autocrático e manipulador. Num relacionamento, é importante nos colocarmos, mas, se o outro é incapaz de nos ouvir ou perceber o que dizemos, precisamos reconhecer e aceitar isso. Quer se trate de uma namorada, de um parente idoso ou do chefe, precisamos ser capazes de perceber com quem estamos falando e se nossa expectativa de ser compreendidos é mesmo realista. Se verificarmos que o outro está fazendo o melhor que pode, tendo em vista sua história de medos e sofrimentos, seremos capazes de ficar mais presentes e honestos em nossa comunicação, e sentiremos mais paz.

Perder um relacionamento quando estávamos decididos a fazer de tudo para ter sempre uma atitude amorosa e espiritual pode nos mostrar um nível de expectativa e controle oculto e mais profundo dentro de nós, nível esse que talvez não percebêssemos em outras situações. Eu lhe desejo tudo de bom.

ABRIR MÃO OU AFERRAR-SE AO AMOR

Pergunta:
Recentemente terminei um relacionamento com alguém a quem amo muito. Não tenho a menor dúvida de que meu amor por essa mulher é evidente para nós dois. Durante nosso relacionamento, descobri que ela tem dificuldade para expressar amor e afeto. Ela mesma admitiu essa incapacidade, nós discutimos a questão e foi decidido que eu estava ensinando a ela como amar. Acredito que meu verdadeiro Ser a aceitou como é, e também acredito que o Ser maior dela me amava bastante, embora ela não consiga parecer a pessoa afetuosa que quer ser.

Com o tempo, quando nosso relacionamento estava chegando ao fim, acho que perdi o contato com meu Ser maior. Eu estava aprendendo mais sobre o amor e sobre meus sentimentos e aos poucos fui deixando de ouvir meu ego e passei a ouvir o dela. Ela era uma amante muito exigente. Ela sabia o quanto eu a amava e cobrava de mim esse padrão o tempo todo, esperando que o tempo todo eu fosse um homem amoroso em todos os sentidos. Isso era uma grande pressão. Acabei por me surpreender com medo, temendo decepcioná-la e perdê-la. Perdi meu ego tentando servir ao ego dela. Percebi que antes contava com meu ego para me dar o que, agora sei, era uma coragem falsa para lidar com o fato de estar numa posição vulnerável.

Pouco tempo atrás, um problema entre nós me deixou muito assustado. Deixei o medo superar o amor, e meu ego voltou com força total. Ele me disse que eu não estava recebendo o que merecia, que meu amor por ela era maior do que o amor por mim mesmo. Eu me senti usado, abusado e negligenciado. Sentia que ela estava se aproveitando de minha bondade. Disse tudo isso a ela durante uma discussão e sei que lhe feri os sentimentos. E como sempre teve problema para demonstrar amor, antes e depois dessa discussão, ela já não podia mostrar para mim seu Ser maior, por quem eu me apaixonara. Ela não conseguia me mostrar que ainda me amava e era fiel a nossas expectativas mútuas. Ela foi embora, e nosso relacionamento acabou no dia seguinte a essa discussão.

Desde então, tenho feito um exame de consciência profundo e descobri muita coisa, graças à sua página da internet e a seus livros. Queria muito poder voltar atrás no que disse a ela, mas sei que não posso. Quando conversamos, ela parece muito confusa, triste e perdida. Ela me falou que não sabe se vai voltar para mim ou não, porque teme voltar a ser ferida. Ela sabe que eu experimentava ressentimento contra ela, e não entende por que o deixei crescer. Ela me disse que destruí o que tínhamos, e eu aceitei a responsabilidade por tudo isso. Não acredito que ela tenha me perdoado. Eu a perdoei, bem como a mim mesmo. Gostaria muito de restaurar nosso relacionamento, mas, pelo visto, ela não está pronta para isso.

Portanto, venho tentando afastar o desejo que tenho de amá-la como realmente amo. Como não controlo o que ela pode fazer, penso que esquecer é a única maneira de curar a dor que sinto em meu coração. No íntimo, acho que um dia ela vai voltar, mas sei que não devo esperar por isso, porque esse retorno só me impediria de crescer por meio da experiência de não tê-la de volta.

Portanto, meu problema é que estou tentando esquecer, mas ainda desejo me apegar e expressar meu amor por ela. Mencionei o problema que tenho com o medo e escrevi as lições que aprendi com tudo isso, de modo a fazer o máximo para não repetir os mesmos erros. Espiritualmente, sinto que continuo apegado, porque acredito sinceramente que nossa conexão de amor e a experiência de viver juntos eram espirituais. Além disso, durante meu processo de cura, questionei a validade de meu sentimento de insatisfação com o fato de que ela não conseguia mostrar amor e apreciação por mim na medida da minha expectativa. Ou talvez ela não seja necessária em minha vida neste momento. Já que ela foi capaz de admitir que tem esse problema, será que eu deveria, ou poderia, ter sido ser mais compreensivo e compassivo, como era antes de ter permitido que o medo abalasse meu amor por ela?

No meio dessa separação, ainda procuro por ela e lhe digo que a espero, mas isso não parece ser eficaz porque neste momento ela está muito deprimida, desempregada e sem ter onde morar, já que saiu de nossa casa. Você tem alguma recomendação sobre como ajudar alguém que tem uma grande dificuldade para demonstrar amor e consideração por outra pessoa?

Resposta:

Posso ver que essa situação é emocionalmente difícil para você neste momento. Estou preocupado com a possibilidade de que você esteja deixando a situação mais confusa do que o necessário porque tenta vê-la através de um filtro psicoespiritual. A questão básica é que você terminou o relacionamento com alguém que ama e não sabe se ela vai voltar. Isso deflagrou em você um período produtivo de reflexões, percepções e crescimento. Contudo, em vez de tentar descobrir se você deve ser mais desapegado ou se deve manter a esperança, sugiro que você simplesmente sustente esse espaço de amor dentro de si. Sempre acho que não é uma boa ideia tentar ser desapegado em questões de amor. No entanto, se você apenas puder ser esse amor simples e puro em seu coração, sem uma história específica de como, quando ou por meio de quem o amor precisa ser manifestado, então você crescerá emocional e espiritualmente em função do relacionamento, seja qual for a decisão dela.

Apesar de seu relacionamento com ela ser único graças a seus antecedentes e suas metas, a dificuldade que dois indivíduos têm para equilibrar as necessidades individuais e as necessidades do parceiro é universal. Quanto mais conflito e exclusão mútua houver entre essas duas necessidades, mais doloroso, assustador e confuso será o relacionamento. Quanto mais realização pessoal pudermos auferir da felicidade e da realização do parceiro, mais fácil e mais feliz será o relacionamento.

Sua namorada tem medo de tornar a ser magoada. A verdade é que até ter superado essa suscetibilidade ao sofrimento ela vai ser ferida novamente, seja por você, por outra pessoa ou por si mesma. É perfeitamente razoável passar por períodos dolorosos num relacionamento se isso nos fizer crescer e amadurecer. Uma união bela e sólida de duas almas não é uma coisa trivial e não acontece sozinha. É um grande desafio, e não é para os tímidos. Portanto, guarde em seu coração um espaço de amor por ela que a autorize a escolher o caminho mais adequado para si. Dessa forma, você também poderá continuar a crescer em amor e ao mesmo tempo deixar fluir qualquer expressão de amor que também seja significativa para você.

ESGOTAR FORÇAS

Pergunta:
Meu marido me traiu durante todo o nosso relacionamento, e está apaixonado por uma garota que amava antes de se relacionar comigo. Eu sempre soube disso e o obriguei a ficar comigo, mesmo ciente de que ele amava outra pessoa. Ele foi obrigado a se casar comigo, e isso foi um desastre, mas eu estava desesperada, porque não conseguia encontrar amor, e agora tenho muito medo de ficar sozinha, mas estou presa a um casamento morto que nunca existiu de fato. Como posso encontrar forças para me separar dele e encontrar alguém que me ame?

Resposta:
Para encontrar forças, você precisa mergulhar em seu interior e saber que você é a força do universo, que você é feita de amor divino e é invencível e imortal. Essa é sua verdade e sua essência. Quando conhecemos nossa verdade, podemos ficar ou ir embora. Não precisamos encontrar quem nos ame porque somos amor, e o amor nos encontrará.

DENUNCIAR A ESPOSA PARA O MARIDO

Pergunta:
Estou me separando de minha noiva, a quem amo muito. Nos últimos meses, precisei lutar contra muitas emoções internas que reprimi por muito tempo. Comecei a chorar novamente depois de muitos anos "me comportando como um homem". Nós tivemos um relacionamento maravilhoso, cheio de alegria, que durou seis anos, mas sofreu de uma falta

de comunicação crônica sobre questões complicadas. Nós dois tendemos a nos fechar e suprimir as discussões difíceis, em vez de confrontá-las francamente, criar um conflito saudável e lidar com ele, podendo seguir adiante. Assim, tudo se acumulou até deflagrar um alerta quando descobri muitos torpedos e e-mails de um homem que ela conheceu num congresso. Mesmo depois que a confrontei com essa informação, nos últimos meses eles continuaram a manter uma intensa comunicação em períodos intermitentes.

Comecei a ficar muito preocupado com o que poderia estar acontecendo na vida secreta dela. Essa preocupação era completamente inusitada para mim, já que, até ter descoberto o que descobri, sempre fui uma pessoa muito confiante, que espera o melhor dos outros, em vez de esperar o pior. Recentemente, minha noiva admitiu que terminou aquele relacionamento quatro vezes nos últimos quatro meses, mas a relação tornou a se esgueirar de volta de maneira furtiva. Enfim, nós decidimos que está na hora de dar um tempo e provavelmente planejar o fim de nosso relacionamento.

O homem com quem ela se envolveu vive em outra cidade e tem mulher e dois filhos. Fico admirado por minha noiva não ver que essa relação não é saudável para os dois, por mais forte que seja a atração deles um pelo outro. Eu lhe pergunto: você acha que é minha responsabilidade informar a mulher do outro sobre os atos do marido dela se eu nem a conheço? Sou parte do universo e ela também, e as informações nos vêm das fontes mais inesperadas o tempo todo. Eu não consigo deixar de sentir que, se fosse ela, gostaria de saber o que esse homem está fazendo. Ele diz que está se divorciando, mas acho que só deve dizer isso para minha noiva porque quer parecer disponível, e a esposa dele talvez não faça a menor ideia das aventuras do marido. Quando discuto essa questão com minha noiva, ela parece achar que esse não é meu papel, e me diz para não atrapalhar as vidas dos outros. Mas ela atrapalha inconscientemente a vida alheia, sem reconhecer o impacto direto do carma que está sendo criado. É provável que a mulher nunca venha a descobrir o relacionamento deles por outros meios, já que o marido dela e minha noiva só se encontram umas quatro vezes por ano, em congressos. O relacionamento consiste principalmente de notas e telefonemas.

Eu me perguntei durante a meditação se isso não é apenas a minha necessidade de me vingar desse homem, mas não acredito que se trate disso. Acho que é preocupação com outro ser humano.

Resposta:
Em casos como esse, sempre é arriscado tentar inferir o que é melhor para a outra pessoa. Para mim, faz mais sentido você cuidar de sua vida e ter certeza de que a outra parte afetada vai descobrir o que precisa saber no melhor momento e no melhor lugar para ela nesse processo. Você já tem muito o que fazer por si mesmo; não precisa assumir o trabalho dos outros. Pensando melhor, chego à conclusão de que você vai descobrir que seu desejo de ser o portador de más notícias para essa mulher pode ter um lado de compaixão, mas também pode ter um lado de vingança, no qual você espera influenciar o resultado. Eu o aconselharia seriamente a deixar as coisas como estão e cuidar de seus próprios assuntos.

RECUPERAR A CONFIANÇA

Pergunta:
Aprendi a não confiar em ninguém desde que passei por um divórcio doloroso há alguns anos. Acabei por parar de namorar porque, quando começava a ficar à vontade com alguém, entrava em pânico e começava a duvidar dos sentimentos da pessoa por mim. Sou uma mulher instruída e atraente, e sempre começo a achar que nenhum homem quer ficar comigo por mim mesma, e sim pelo que posso fazer por ele ou por causa da minha aparência. Quero tanto conseguir ser apenas eu mesma com alguém e não me preocupar em ser traída, mas não vejo como isso possa acontecer. Eu sei que nem todo homem vai me trair. Durante o divórcio, só dois ou três amigos permaneceram fiéis a mim, o que inclui minha família. Todos os outros tomaram partido do meu marido porque ele parecia ter mais prestígio. Agora me vejo apaixonada por alguém que tem uma vida muito caótica, e isso me deixa tão ansiosa que me dá vontade de fugir. Realmente amo essa pessoa, que diz me amar e compreende minhas ansiedades. Contudo, a menor coisa que não funcione nesse relacionamento me faz suspeitar, o que não é justo. No fundo, acho que só vou sofrer e que não devia arriscar novamente. É muito mais fácil confiar em Deus/no Universo, mas não sei como racionalizar essa falta de confiança em outro ser humano, mesmo naqueles que não são amigos íntimos, como os colegas de trabalho e associados, porque eles também são sagrados. Isso está me prejudicando, e não consegui progredir bastante na minha carreira por essa razão. Sou uma pessoa confiável, tanto que os outros sentem isso em mim e costumam me contar tudo sobre si mesmos. E isso também é um fardo.

Durante o divórcio, perdi minha casa, meu emprego e grande parte da minha identidade externa. Isso acabou se revelando uma bênção, porque fiquei muito mais ligada a Deus. Como posso usar essa forte conexão para fazer as escolhas certas de parceiro e de emoções? O medo é imenso. Muitas vezes, minhas emoções me controlam, e eu me sinto como uma criança, e não de uma forma positiva. Tentei fazer terapia convencional, mas não consegui encontrar um terapeuta com uma visão espiritual, portanto desisti.

Resposta:

Pode ser necessário algum tempo para recuperarmos a confiança nos relacionamentos depois de um rompimento traumático. Pode não parecer óbvio, mas no fim das contas, para recuperar a confiança nos outros, você precisará confiar em si mesma. Quando a ferida emocional causada pela rejeição e pela traição ainda está muito sensível e quando nos identificamos com esse sofrimento emocional, é muito fácil ficarmos paralisados e não arriscarmos um novo amor, porque parte de nós acredita que não podemos suportar outra separação dolorosa. Não temos suficiente confiança em nossa essência para correr o risco de amar porque não assumimos de fato nossa identidade não local. Você pode usar a profunda conexão com Deus que experimentou depois do divórcio como meio de afirmar sua verdade interior e de se fortalecer no conhecimento de seu Ser inviolável. Quando você conseguir perceber que seu verdadeiro Eu não pode ser ferido, traído ou rejeitado, descobrirá que pode correr o risco de amar novamente; saberá e acreditará que, haja o que houver, você sobreviverá.

O PERDÃO DOS OUTROS

Pergunta:
Se você não recebe nem percebe o menor perdão de alguém, como superar uma situação? Recentemente, causei sofrimento a alguém e perdi contato com essa pessoa. Estou muito triste e perdida por não poder considerar a situação encerrada na certeza de que um dia ele vai me perdoar. Por que estou esperando que essa pessoa diga "Eu te perdoo"? Sei que é algo que eu não deveria esperar, mas estou com muita dificuldade para superar sem isso. Essa situação causou muito sofrimento para nós dois por razões diferentes. Sei que não posso obrigar essa pessoa a nada, portanto só posso tentar seguir adiante pelo meu próprio bem-estar, mas como fazê-lo? Já fiquei mental e fisicamente doente por causa dessa situação.

Resposta:
Você não vai sentir que o caso está encerrado até ter se perdoado por sua ação. Lembre-se de que você não é o que fez; suas ações não a definem. Sua verdadeira essência não pode ser afetada por nenhuma ação no espaço e tempo. Você fez o que pensou ser correto no momento, com o conhecimento de que dispunha. E isso é o melhor que podemos fazer. Agora você só pode pedir desculpas e se dispor a agir melhor da próxima vez.

Você pode pensar que só precisa ouvir as palavras "Eu te perdoo" ditas por essa pessoa, mas outros que carregam um fardo de culpa lhe dirão que não podemos deixar realmente o passado para trás até termos perdoado a nós mesmos.

RAIVA

Pergunta:

Acredito que fui extremamente maltratada e sou incapaz de perdoar ou esquecer. Ao longo do dia, os pensamentos parecem vir de um ponto exterior, portanto, quando recebo esses pensamentos, é como se eles viessem do nada. Mesmo tentando não remoê-los, ainda acabo por me sentir deprimida e amarga, o que afeta o resto da minha existência. Já se passaram dois anos desde que essa pessoa esteve em minha vida, mas a raiva e o sofrimento ainda são muito reais.

Resposta:

Você está certa em pensar que essa raiva é venenosa. Se você está sendo afetada por pensamentos de raiva e ressentimento dois anos depois do fim de um relacionamento, então esses sentimentos decerto persistem porque você se sente injustiçada e com razão para ter raiva. Consequentemente, apega-se ao ressentimento até que o universo responda à altura do seu senso de justiça.

Pode ser útil perceber que a raiva, a amargura e a convicção de que foi maltratada vêm de uma pequena parte de você. É o seu ego que quer ser tratado com respeito e acha que tem o direito de se agarrar a essa raiva perniciosa, mesmo que ela só prejudique você. Seu verdadeiro Ser é ilimitado, infinito e eterno. Sua essência vê a manutenção da raiva como uma forma insensata de autoindulgência. Ela não pode ser ferida nem insultada pelo comportamento de ninguém, e não se importa se foi maltratada ou não. O Ser se conhece pelo que é, e não precisa de coisas externas para se sentir completo e satisfeito. Ele sabe que, para se sentir bem, não precisa que injustiças aparentes sejam corrigidas.

Quanto mais você puder se alinhar com essa sabedoria interior e se distanciar de seu apego por sua criança ferida, mais cedo você ficará livre dessa raiva.

SEM APOIO

Pergunta:
Há seis meses fiquei muito sentida com a traição de um amigo que preferiu não me dar apoio ou ajuda num momento em que eu estava sendo acusada de algo que não fiz. Procurei esse meu amigo e lhe disse a verdade sobre a situação. Ele me conhece há 17 anos e, apesar de ter sabido a verdade por mim, preferiu ficar em cima do muro e me ver lutar para limpar meu nome. Eu consegui isso, inclusive com uma carta de pedido de desculpas do culpado para a vítima.

Agora sinto que não quero mais essa amizade. Para mim, ser amigo implica apoiar a amiga nas dificuldades, dando força e respaldo, confiando nela e sendo totalmente leal a ela. Por outro lado, ele me disse que não tinha tempo para se envolver e depois afirmou: "Não vou tomar partido nessa questão." Ajudei esse amigo em muitas ocasiões em que ele precisou e pediu meu apoio. Só pedi a ajuda dele uma vez, e ele recusou. Na verdade, senti que ele não estava nem um pouco interessado em meu sofrimento, e que minha situação era uma espécie de espetáculo para ele. Ele deixou que alguns meses se passassem e depois me telefonou, sem fazer o menor comentário sobre minha situação e me convidando para ir a uma festa em sua homenagem.

Comuniquei a ele meus sentimentos e depois terminei a amizade. Não quero tornar a ser desprezada por esse amigo (embora essa tenha sido a pior situação, não foi a única). Acho que manter essa amizade é me colocar em posição de ser ferida novamente no futuro.

Meu problema é que os amigos comuns querem que eu releve a situação, supere o problema etc. Acho que agi muito bem ao deixar essas coisas para trás e me colocar em círculos mais positivos, onde posso encontrar a afirmação e o apoio de que necessito. Não penso que esteja meramente sendo inflexível. Só não vou entrar novamente na mesma arena onde poderei ser abatida outra vez. Estou sendo rancorosa ou apenas me afirmando e demonstrando amor por mim ao decidir terminar a amizade?

Resposta:
Parece que você interpreta a falta de apoio do seu amigo no momento de necessidade como uma afirmativa de que ele não acreditou em sua inocência mesmo depois de você explicar a situação. Acho que é por isso que você se sente "traída". Não é autoafirmação ou amor por si encerrar uma amizade de 17 anos simplesmente porque você teve que passar por uma situação de pesadelo sem o apoio do seu amigo. Veja se você pode falar com ele sobre isso. Explique seus sentimentos e peça esclarecimentos. Ouça com atenção o lado dele dessa experiência. A partir daí você pode decidir se quer retomar a amizade ou não. De qualquer forma, vale a pena lembrar que se você condicionar suas amizades ao apoio dos amigos numa situação de teste, estará se reservando muitas decepções.

SUPERAÇÃO DIFÍCIL

Pergunta:
Estou tendo muita dificuldade para esquecer meu último namorado. Meu coração está pesado e cheio de dor. Muitas vezes me sinto excessivamente emotiva e choro a perda dele, embora já tenha se passado um tempo considerável desde nosso último encontro (mais de seis meses). Nós não passamos muito tempo fisicamente juntos, mas mantivemos comunicação constante ao longo de um ano. Sou uma pessoa muito sensível e fico emocionalmente envolvida com "meus amados", mesmo que só tenha saído com eles algumas vezes. Fico presa ao que "poderia ter sido" e tento manter uma atitude positiva, mas acho cada vez mais difícil extrair uma lição positiva desse relacionamento, evitando amargar a perda. Permanecer disponível para conhecer outros homens e começar novos relacionamentos parece um grande desafio, já que tenho medo de me ferir e ser rejeitada. O que você me aconselha para superar a situação, permanecer acessível ao amor e me livrar dessa energia negativa?

Resposta:
O que sua carta mostra é que não houve um relacionamento pleno para você lamentar. Seu apego ao passado não se baseia em lembranças, mas em expectativas. Portanto, não se trata de curar o passado, mas de aprender a permanecer no presente. Não pense em extrair uma lição desse relacionamento. Concentre-se em aprender uma lição sobre viver no momento presente. Sempre que pensa no que poderia ter sido ou sente a perda, você está no passado. Quando você se preocupa com a rejeição, está no futuro. Se fixar

sua atenção no presente, não terá sofrimento do passado nem medo de sofrer no futuro. É assim que ficamos acessíveis ao amor.

TER AMOR POR SI

Pergunta:

Recentemente terminei um relacionamento com quem eu achava que era o amor da minha vida. A melhor amiga e conselheira dela me disse que eu era o homem por quem ela esperou a vida toda. Mostrei mais amor por ela que qualquer outra pessoa. No entanto, ela tem muitos problemas emocionais porque sofreu abusos da parte do pai e também do segundo marido, que não mostrava amor por ela. Por sua vez, ela também não demonstrou que me amava. Ela ainda está tentando fazer o ex-marido amá-la. Ainda sinto muito amor por ela, mas sei que esse relacionamento não era bom para mim. Ele tinha que acabar. Preciso seguir adiante com a minha vida e me sentir melhor comigo mesmo. Na semana passada, um terapeuta me perguntou se eu tinha amor por mim. Minha resposta foi: não, eu não me amo. Preciso saber como mudar minha vida, seguir adiante e aprender a gostar de mim e ter amor por mim. Sei que é preciso tempo para me livrar da depressão e do sofrimento. Eu gostaria de tornar a sorrir e desfrutar a vida.

Resposta:

Você vai voltar a sorrir e rir, mas, com um fim de relacionamento recente, é difícil imaginar que tornaremos a ser felizes.

Aprender a ter amor próprio é um projeto multidimensional. A meditação é um bom ponto de partida, porque experimentar nosso verdadeiro Ser é a base para se amar. Conhecer o próprio Ser é amá-lo, porque o Ser é amor.

Num nível mais prático, para criar amor próprio é importante dedicar-se a atividades que fortaleçam o sentimento de bem-estar e de mérito do amor. Faça coisas em que você seja excelente e que lhe deem a sensação de merecer amor.

Outra parte essencial de aprender a se amar é procurar ficar totalmente presente e aceitar a experiência atual. Tente ficar mais consciente de suas emoções e da sensação física provocada por essas emoções. Sustente e observe seus sentimentos com uma percepção de que, sejam quais forem, eles são bons. É como se você estivesse se abraçando e se mantendo num abraço amoroso e apoiador. Isso nos ajuda a metabolizar as experiências presentes e curar os velhos traumas emocionais. Isso também elimina a dependência do apoio emocional e da segurança dos outros. Em vez de procurar soluções no exterior ou de culpar seus sentimentos, aprenda a ter o seu Ser como referência. Você reivindica a própria autoria, o próprio amor e a própria sabedoria como seu verdadeiro Ser.

CURA

Pergunta:
Há poucos anos, conheci uma garota maravilhosa e começamos um relacionamento incrível, mas esbarramos numa barreira. Depois disso, fiquei arrasado e comecei a ter medo, ansiedade, dúvida etc. O relacionamento não funcionou. Nos

últimos anos tenho me encontrado num atoleiro, lutando contra a ansiedade e a falta de autoestima e de autoconfiança. Não sou nem metade da pessoa que costumava ser. Nenhuma das minhas experiências é o que era.

Agora sou uma ponte que preciso cruzar, que desejo mais que qualquer outra coisa atravessar. Eu entendo as escolhas que me levaram a fracassar no relacionamento e a ter as experiências posteriores. Cheguei a um ponto em que sinto que estou pronto para deixar o passado para trás e recuperar meu Ser. Recuperar a alegria da vida, o amor por mim, a autovalorização e a confiança. Agora, minha luta é sentir que reprimi muitos sentimentos. Sentimentos de tristeza, arrependimento, dor, raiva e amor. Sinto que a intensidade das minhas emoções e experiências me deixou com medo das minhas emoções. Acho que cruzar essa ponte para a liberdade será uma experiência muito emotiva, apesar de liberadora. Passei muito tempo num limbo e perdi muito tempo. Não quero desperdiçar nem mais um dia. Sei que tanta coisa espera por mim do outro lado e sinto que estou tão perto, mas quanto mais perto chego, maior é a ansiedade. É uma experiência assustadora. Ultimamente, de vez em quando saio com uma pessoa amiga para conversar. Nós nos sentamos no parque, e eu falo um pouco sobre minha experiência, e sinto as emoções que vêm com isso. Reconheço meu Ser novamente, e as lágrimas enchem meus olhos. Eu sinto tudo aquilo de que estou falando. Parece maravilhoso, e a ansiedade desaparece por um momento. Minha mente fica mais clara, e o medo se vai. Mas me contenho, e a ansiedade e o medo retornam. Isso aconteceu algumas vezes. Quero encerrar esse processo.

Resposta:
É compreensível que você queira encerrar o processo, mas, por sua própria natureza, a reação da cura não pode ser apressada ou forçada sem que isso interfira com a própria cura. O bom é que você está conscientemente aceitando seus sentimentos, sem reprimi-los. Você está fazendo exatamente o que deve fazer. Seu entusiasmo para avançar na vida é uma grande vantagem ao lidar com o débito emocional que está buscando quitar. Sua experiência de falar sobre os sentimentos com um amigo, de se sentir melhor e de chorar mostra que a cura está se fazendo de uma maneira saudável. Não se censure por ter perdido tempo no passado. O importante é que agora você está assumindo sua vida, e sua história do passado foi o que o trouxe até esse ponto, portanto ela é perfeita.

Não fique desapontado pela volta dos velhos sentimentos. Lembre-se e esteja certo de que você está mais consciente do processo, o que significa que está mais perto de se livrar da ansiedade e do medo.

AVANÇAR NA VIDA

Pergunta:
Estou saindo de um casamento de 25 anos. Meu marido era alcoólatra e maníaco-depressivo. Quero seguir em frente e me tornar independente do ponto de vista financeiro, mas ainda me sinto "atolada". Como posso superar isso?

Resposta:
Sentir-se atolada geralmente significa que uma parte de você tem medo de avançar. Você pode temer ficar sozinha,

não ter sucesso ou até mesmo ter sucesso e não gostar dele. Talvez seja bom conversar com alguém que possa ajudá-la a descobrir quais são esses bloqueios e a resolvê-los. Você já deu um grande passo quando deixou para trás um relacionamento obsoleto e assumiu a própria vida. Agora precisa aplicar a mesma coragem para curar os temores em sua vida interior.

SOBRE A SOLIDÃO

Pergunta:
Há quase dois anos passei por um fim de relacionamento difícil. Agora, meu ex-marido está noivo e feliz. Apesar de ter tentado sair e tomar todas as providências práticas para encontrar alguém especial, o companheiro da minha vida continua ao largo. Quando vejo minhas amigas ficando noivas e se casando, eu me sinto extremamente desanimada, triste, deprimida e solitária. Faço o possível para ter uma vida espiritual. Medito todo dia e tento seguir as leis espirituais que você definiu. Em vez de confiar que o universo vai me dar o que preciso, porém, fico muito incrédula e cada vez mais confusa e frustrada, sem saber por que não encontro a pessoa certa. Estou muito consciente de que a resposta à minha busca pode envolver aceitar que não chegou a hora e que preciso continuar a ter paciência. No entanto, estou num ponto em que esse conselho só vai me deixar mais frustrada, porque sinto que fui muito paciente e confiante durante muito tempo. Mesmo depois de passar por um fim de relacionamento muito doloroso e de ter buscado terapia, continuo a acreditar que tudo isso aconteceu por uma razão. Não quero perder a fé em Deus ou no universo.

Resposta:
Tentar ser confiante, paciente e levar uma vida espiritual não é o mesmo que simplesmente ser confiante, paciente e espiritual. Ninguém consegue enganar a própria natureza. Se no fundo você está frustrada, ressentida, impaciente e avessa à situação presente, essa é a mensagem que você vai irradiar para o universo. Consequentemente, a impaciência, a descrença e a depressão serão refletidas de volta à sua vida. Se o que você precisa agora é aprender a se sentir completa e contente consigo mesma, independente de um relacionamento com um homem, então todos os seus esforços para construir um novo relacionamento continuarão a frustrá-la e desencorajá-la. Vejo fortes indicações de que um novo relacionamento não é o melhor para você neste momento. Pode parecer um clichê dizer que você precisa aprender a ser feliz e completa dentro de si antes de encontrar a verdadeira felicidade e satisfação com outro, mas isso é verdade. Sempre existe uma sabedoria na situação em que você se encontra nesse momento. Quanto mais depressa você descobrir a perfeição desse momento e a direção que ele lhe indica, mais feliz e mais produtiva será sua vida. Por outro lado, se você continuar a resistir a essa sabedoria do presente e a impor seu projeto da necessidade de um relacionamento, provavelmente vai continuar a ter os mesmos resultados que tem tido até agora.

5
Família

LEVAR AS COISAS PARA O LADO PESSOAL

Pergunta:
Tenho muita prática em não tomar as coisas pelo lado pessoal. No entanto, continuo a ter problemas quando dizem algo negativo ou ofensivo sobre um membro da minha família ou algum amigo íntimo. Imediatamente começo a entrar numa atitude defensiva. Como posso lidar com isso?

Resposta:
As pessoas muito ligadas à família têm um sentimento abrangente de identificação com os parentes. Isso pode torná-las mais sensíveis ou defensivas com relação a pretensas ameaças ou agressões aos familiares, embora essas coisas já não sejam ameaças para você, pessoalmente. Contudo, esse apego também é um desvio do ego. Nós ainda baseamos nossa identidade em nossa família, nossa tribo, nossa nação, nossa religião etc. Quando já não temos mais nenhuma necessidade de nos defender da negatividade ou das ofensas, isso mostra que não nos identificamos com esse aspecto de nós que está sendo atacado. Sabemos que somos a testemunha silenciosa que não pode ser afetada por uma agressão ou ameaça. Portanto, para perder a atitude defen-

siva sobre a família ou qualquer outra área de identificação do ego, precisamos encontrar essa testemunha silenciosa que transcende todas as identificações limitantes. A partir deste ponto, nós conhecemos nosso verdadeiro Ser e sabemos que essa parte verdadeira de nós não pode ser ferida; portanto, não precisa de defesa.

MEDO DE MUDAR

Pergunta:
Quero me mudar para um país estrangeiro e construir um lar. Sou um norte-americano mais velho. Tenho muitos medos e vou ficar longe da minha família.

Como tomar uma decisão que não tenha por base o medo, mas o bom senso e a realização dos meus desejos?

Resposta:
Para começar, pode ser interessante ter clareza sobre o que exatamente o motiva a se mudar para um país estrangeiro e por que vale a pena deixar a família e superar o medo envolvido na mudança. Ter consciência do motivo pelo qual a mudança é importante para você pode tornar mais fácil dar os passos necessários para realizá-la. Também pode ser que descubra que para você a mudança não é tão importante quanto viver perto da família. O segredo é ter clareza sobre seu propósito e basear sua decisão nele, e não no medo.

PREOCUPAÇÃO

Pergunta:
Como podemos não ter preocupação pelas pessoas que amamos? Essa época do ano é cheia de reuniões de família e de amigos e, apesar dos muitos momentos felizes, não consigo deixar de me preocupar com a saúde, os relacionamentos e os problemas financeiros enfrentados por minha irmã, minha mãe, meu sogro e outros. A preocupação com essas coisas não resolve nada, mas não consigo evitá-la. Alguma sugestão?

Resposta:
Quando se preocupa com adultos por quem você já fez tudo o que podia, então, apesar de amá-los, você também acredita que o projeto de vida deles está errado. Quando você se preocupa nessas circunstâncias, revela uma desconfiança intrínseca sobre a capacidade da inteligência cósmica do universo para dar a seus amados exatamente o que eles precisam na hora certa. A preocupação mostra que, se alguma coisa desagradável ou complicada acontecer a seu sogro, isso deve ser um sinal de que algo está errado. Na verdade, muitas vezes as maiores alegrias, conquistas e forças nos vêm de enfrentar os desafios da vida quando eles surgem.

Dessa forma, da próxima vez que começar a se preocupar, analise o que você está presumindo sobre a vida deles: que você sabe mais do que o Ser maior deles sobre o que eles precisam agora. Isso pode ser verdadeiro no caso dos pais de uma criança pequena, mas essa não é sua situação. Mesmo que você não acredite que a vida deles está sendo guiada por uma inteligência maior que a sua, pelo menos reconheça que você na verdade não sabe quais são as experiências de vida mais necessárias para a evolução espiritual deles. Portanto, não adianta ter medo de que aconteçam as experiências erradas. Saiba que seu amor é um bem garantido na vida deles, portanto dê-lhes muito amor, em vez de preocupação.

IRMÃO MAIS NOVO

Pergunta:
Há mais ou menos dois anos recebi o diagnóstico de tumor cerebral maligno grau 3. Depois de muitos meses numa jornada muito esclarecedora, felizmente meu câncer entrou em remissão, pois adotei a sabedoria encontrada em muitos dos seus livros maravilhosos, principalmente A cura quântica *e* SynchroDestiny. *Li muito sobre o assunto, investigando a teoria das cordas/supercordas e a teoria "M", o que evoluiu para uma teoria pessoal das cordas que sugere uma re-harmonização da alma; depois disso as células do corpo podem receber a saúde e a cura. Nada de novo aí, mas por ter experimentado pessoalmente o poder da cura, estou convencido da existência do mundo maior invisível a centímetros da nossa visão. Acredito que redescobri meu equilíbrio e que a cura foi a recompensa que recebi quando pedi.*

Infelizmente, a doença levou meu irmão mais novo a tal estado de sofrimento e impotência que sua raiva e sua dor são dirigidos a mim e a meus pais. Ele é uma boa pessoa, mas uma infância difícil endureceu seu coração para o amor, o maior presente de Deus para o homem. Temo que muito em breve ele seja levado pelo ego e pelo medo à se afastar de mim, de minha mulher, de nossa família e, finalmente, de todos os que o amam muito, mas são incapazes de lhe tocar o coração para expressar amor e ajudá-lo nesse momento difícil. Ele parece me culpar por ter ficado doente e, embora ele reconheça a possibilidade de sua má vontade causar danos a outra pessoa, não sei como alcançá-lo sem deixá-lo ainda mais decidido a desaparecer intencionalmente de nossas vidas. Sei que cada um de nós tem um caminho a seguir e talvez esse seja o dele, portanto, existe uma maneira de reacender o amor dele para que, mesmo decidido a levar a vida sem nós, ele saiba que o amor existe?

Além disso, tenho uma teoria maluca de que meu câncer na verdade passou do meu irmão para mim para que eu pudesse salvá-lo e começar minha própria jornada. Sempre digo que somos as diferentes faces da mesma moeda e que ele é o lado escuro, e gostaria de saber se em toda a sua vasta experiência você encontrou uma história como essa. Meu pobre irmão está tão cheio de ódio que só posso rezar para que nenhuma doença nova surja em nenhum de nós dois, já que agora preciso me afastar dele para minha própria proteção.

Resposta:

Espero que você possa continuar sua plena recuperação da saúde. Parece que seu irmão precisa se afastar da família nesse momento, e você também diz no final de sua carta que tem de se distanciar dele para seu próprio bem. Tudo isso está perfeitamente correto. Às vezes essas são as circunstâncias necessárias para a cura, mesmo que elas não combinem com a imagem da família feliz e apoiadora que gostaríamos de ter. É suficiente você ter expressado todo o seu amor e apoio a seu irmão, seja qual for o caminho que ele escolha. Você não tem o poder de remover a raiva, o medo e a má vontade dele, e é assim que as coisas devem ser. Elaborar essas questões é parte do crescimento dele, e então ele instintivamente sabe que precisa delas até que o processo se complete. Ele vai se ressentir da interferência de qualquer um, mesmo você, que procure resolver esses "problemas" antes que ele tenha chegado à posição de estar realmente pronto para lidar com essas coisas nos próprios termos. Naturalmente, é mais fácil quando os parentes reconhecem que precisam de ajuda e quando pedem ajuda, mas quando eles negam essa necessidade e nos afastam deliberadamente, é importante que você receba a mensagem e carinhosamente dê a eles o espaço de que precisam.

PAIS INSANOS

Pergunta:
Já ouvi dizer que os amigos são a maneira pela qual Deus se desculpa pelos parentes que nos deu. Nesse momento, nada me parece mais verdadeiro.

No outono vou sair da casa dos meus pais para começar a universidade. Por alguma razão, essa transição não está acontecendo de forma suave — pelo menos para meus pais. Nos últimos tempos, parece que não conseguimos levar uma simples conversa sem alguém ficar furioso e gritar; quase sempre alguém acaba chorando. Eles parecem estar sempre pisando em ovos, e ficam muito perturbados se eu saio de casa para resolver qualquer problema. Nós discutimos pelas questões mais ridículas. Minha mãe chegou a jogar meu telefone celular em mim quando cheguei em casa, pois eu havia esquecido de ligar para ela. Antes, eles nunca foram assim. Eu acredito que o real motivo desses choques recentes (isso começou há alguns meses e está ficando cada vez pior) é a dificuldade que eles sentem porque estou me mudando. Sou o filho mais novo, e sei que eles devem estar muito emotivos nesse momento, mas as atitudes deles têm prejudicado seriamente nosso relacionamento. De início, eles me disseram que queriam que eu estudasse sem sair de casa, mas consegui uma bolsa de estudos que paga as anuidades e (contra a vontade deles) preferi usar minha reserva de dinheiro para morar fora de casa.

Eu me lembro de que quando meu irmão saiu de casa, há alguns anos, aconteceu a mesma coisa, só que agora parece que eles estão piores. Quando meu irmão saiu, todas as emoções culminaram numa discussão violenta que terminou com uma porta sendo batida, e nenhum de nós teve notícias de meu irmão durante vários meses. Eles o obrigaram a ficar em casa e frequentar uma universidade próxima, portanto ele só se mudou quando tinha 22 anos. Mesmo agora, dois anos mais tarde, o relacionamento do meu irmão com meus pais continua difícil, e tudo parece ter sido causado por aquela discussão. Estou decidido a não deixar que o mesmo aconteça entre mim e meus pais. Eu os amo muito, e sempre fomos muito próximos. No entanto, nos últimos tempos eles têm procurado tanto se apegar a mim que nunca me senti tão distante dos dois. Nós costumávamos nos comunicar bem.

Toda vez que tento discutir essas coisas, eles reagem de uma das seguintes maneiras: ficam zangados e dizem que não vão discutir a questão; ou afirmam que não estão nem um pouco incomodados com a mudança. Para mim, a segunda resposta parece insana. Ultimamente, nos raros momentos em que nos damos bem, eles me lembram: "Quando você for embora, não vai poder fazer essas coisas conosco." É como se eles quisessem me causar culpa. Eles agem como se eu fosse morrer ou coisa parecida!

O que posso fazer para melhorar meu relacionamento com essas pessoas que estão rapidamente virando estranhos para mim? Até os últimos meses, eles eram bastante normais! Não sei como me comunicar com meus pais, e não quero acabar perdendo contato com eles, mas não sei como vou levar essa situação por mais sete semanas (estou fazendo a contagem regressiva). Começar a universidade é uma experiência emocionante e um tanto assustadora para mim. Preciso do apoio deles nesse período. Há algo que eu possa fazer para ajudá-los (e me ajudar?)

Resposta:
Seus pais com certeza estão passando por um mau momento com essa transição na vida, mas não estão malucos. Eles o amam muito, mas não sabem como manifestar esse amor na forma de um apoio incondicional a você e a sua decisão de estudar longe de casa.

Apesar de nesse momento eles não conseguirem discutir a questão de forma racional, aparentemente está caindo sobre você a responsabilidade de ser a pessoa madura para falar sobre as preocupações de todos.

Diga a eles que você sabe que vai ser difícil viver longe de casa, mas essa experiência o deixará mais forte. Explique por que é importante para você ir para a universidade de sua escolha. Diga que os ama muito, que sempre amará e que a distância não vai mudar isso. Seu relacionamento com seus pais está mudando, agora que você está se tornando adulto. Para esse relacionamento crescer, você precisa sentir que está sendo apoiado em suas decisões de pessoa adulta. Afirme que você ainda valoriza a orientação e entende as preocupações deles. Explique por que você está pronto para essa mudança e para os desafios decorrentes, bem como para as maneiras pelas quais ainda vai precisar do apoio deles. Se possível, dê-lhes uma visão de um relacionamento íntimo e significativo que você consegue visualizar quando estiver na universidade e vier para casa nas férias. Essa imagem será muito diferente do que aconteceu entre eles e seu irmão mais velho, e poderá dar a eles um incentivo para aceitar a mudança, em vez de combatê-la.

ISENÇÃO

Pergunta:
Quando um parente tem um problema sério e não consegue resolvê-lo sozinho, como é possível permanecer isento, sem tentar ajudar essa pessoa a resolver o problema? Como devemos agir numa situação dessas?

Resposta:
Quando você pergunta como é possível não se envolver quando alguém precisa resolver um problema, entendo que esteja perguntando como ajudar sem se tornar parte do problema e esperar que ele se defina. Às vezes nosso envolvimento avança até a percepção de que a outra pessoa está defeituosa e precisa ser "consertada". Para nós nos envolvermos ativamente em ajudar um membro da família com um problema, primeiro é preciso que essa pessoa reconheça que tem um problema. Depois, ela precisa querer sua ajuda. Até lá, você não precisa sentir que é obrigada a abrir mão de seu amor por ela. Na verdade, amor incondicional é só o que se pode oferecer nessa situação.

MORAR PERTO DA MÃE

Pergunta:

Sinto por minha mãe uma mistura de raiva, tristeza e compaixão. Vivemos longe uma da outra, mas estou pensando em voltar para minha cidade natal e morar perto dela. À distância, sinto uma certa objetividade e compaixão por ela, mas na presença física da minha mãe toda a minha infância retorna, perco a objetividade e sinto que poderia explodir, tamanha é a raiva que sinto dela. Um dos problemas com que preciso lidar é sua crise financeira crônica. Ela vive muito acima de suas posses, acho que principalmente para parecer melhor aos olhos dos outros. Apesar de sentir pena da falta de autoestima dela, não gosto do fato de ter que ajudá-la ocasionalmente, e temo que a situação piore à medida que ela envelhece. Sempre vivi de acordo com minhas posses e não sou rica, portanto estou com dificuldade para aceitar essa situação. Também não estou segura de que viver perto dela seja uma boa ideia. Tenho medo de morar mais perto e não ser capaz de lidar com as emoções que sinto quando estou com ela e que são muito fortes. Ficarei muito grata por qualquer sabedoria que você possa compartilhar nessa questão.

Resposta:

Parece que você está muito consciente das possíveis desvantagens de se mudar para sua cidade natal e viver perto de sua mãe. Você não mencionou a idade e a condição de saúde dela, e também se existe mais algum parente por perto, ou se existem outros motivos pelos quais você queira voltar. No entanto, parto do princípio de que ela tem saúde e que seu principal motivo para se mudar é dar a ela algum contato familiar mais próximo e cuidar das necessidades dela mais de perto.

    Entendo as preocupações práticas que você tem com os gastos excessivos de sua mãe, mas isso não vai mudar se você estiver perto ou longe. Talvez essa mudança seja uma oportunidade de curar o relacionamento e superar a raiva que caracterizou suas interações com ela no passado. Só você pode saber se está pronta para isso. Veja se você pode reconhecer que sua raiva foi deflagrada por sua mãe durante muitos anos, mas que ela não é a fonte da raiva. Se você puder descobrir uma maneira de entender e processar sua raiva em seus próprios termos, sem culpa, então essa mudança pode lhe reservar bênçãos ocultas. Se você descobrir que ainda não está preparada para se sentir honestamente dessa maneira, então, tudo bem também; nesse caso pode ser mais sensato adiar a mudança por algum tempo.

CURAR O RELACIONAMENTO COM A MÃE

Pergunta:
Como posso focalizar minha intenção de corrigir a experiência bastante negativa com minha mãe e recriar com ela um verdadeiro relacionamento, mas sem ser manipulada nem ferida?

Resposta:
Faça do objetivo da intenção uma decisão consciente de perdoar. Primeiro, perdoe a si mesmo. Isso envolve reconhecer e aceitar a parte de você que desempenhou o papel de oponente na experiência negativa com sua mãe. Ao perdoar-se, você reconhece que na época fez o melhor que

podia ter feito. Reconheça que a parte de você que se sente ferida ou manipulada não é seu verdadeiro Ser, é só um papel que você desempenhava. Não é quem você realmente é. A partir daí, você pode estender o perdão também para sua mãe. Ao perdoar e integrar a energia que foi mantida entre vocês como ressentimento e raiva, essa energia pode ser transmutada em amor, respeito e generosidade.

ENTREGAR-SE OU RESISTIR

Pergunta:
Escrevi uma carta muito negativa para meu irmão. Eu estava com raiva. Eu o acusei de destruir meu relacionamento com minha mãe. Ainda acho que minhas acusações eram pertinentes. Analisei tudo isso em minha mente muitas vezes. Estou muito cansado e zangado porque meu desejo e minha vontade muitas vezes não estão alinhados com os planos de Deus para mim. Como posso saber se preciso me render e abandonar uma esperança/sonho ou se preciso resistir e não desistir? Já tentei ioga e meditação, mas não encontro paz. Em vez disso, sinto remorso e ressentimento. Sinto que talvez eu pudesse ter escrito com mais diplomacia. Infelizmente, acho que piorei as coisas. O que devo fazer?

Resposta:
O mais simples é pegar o telefone e pedir desculpas. Diga a seu irmão que você estava falando sob influência de raiva e ressentimento. Depois disso você precisa entender que ninguém, nem mesmo seu irmão, pode arruinar seu relacionamento com sua mãe; só você pode fazer isso. Diga a ele

que você está assumindo a responsabilidade por isso agora. Então peça o perdão dele.

Sobre a questão de se render ou resistir, não acho que você esteja vendo suas opções com clareza. A rendição espiritual não é uma resignação passiva. Não é desistir da vida. É deixar de lado a necessidade do ego de ter as coisas à sua maneira; é deixar que o impulso de ação, criatividade e inspiração de sua alma se revele com mais força. A rendição espiritual na verdade requer mais força, amor, coragem e honestidade do que aquilo que o ego vê como sua luta por justiça, respeito e reconhecimento.

A SOGRA ESTRANHA

Pergunta:
Como posso lidar com uma sogra hostil? Até agora, não a enfrentei, mas estou perto disso. Ela invadiu meu espaço de muitas maneiras. Meu marido a confrontou sobre seu comportamento, mas ela continua a fazer comentários depreciativos toda vez que nos encontramos ou por e-mail. Quando faz isso, ela sempre sorri. Ela agiu assim não só comigo, mas também com meus pais. Sei que ela nunca aprovou o fato de termos nos casado tão depressa, depois de nove meses. (Nós temos mais de 35 anos; somos adultos, afinal!)

Meu marido e eu temos uma filha de 1 ano, e ele tem uma filha de 6 de um casamento anterior. Ela nos visita de vez em quando. Minha sogra mostra favoritismo pela neta mais velha toda vez que ela vem nos visitar. Na verdade, ela também toma o partido do filho. Nenhum dos dois jamais está errado. Recentemente, ela até mesmo disse a meu marido que a menina de 6 anos era sua favorita. Meu marido e eu estamos nos mudando para a Califórnia, e quando minha sogra conversou conosco sobre a mudança, não deu o menor apoio nem disse que estava feliz por nós. Nós tivemos um ano terrível do ponto de vista financeiro, perdemos duas casas e meu emprego, e meu marido sofreu um acidente de trabalho. Ela sabe disso tudo e não disse nada para apoiar nossa decisão de mudança. Ela é uma mulher estranha, mas o que mais me irrita são seus comentários irônicos e sua atitude crítica. Quero ser honesta com ela e fazer com que saiba que está abusando com seus comentários. Meu marido tem outros dois irmãos cujas mulheres também têm problemas com ela. Às vezes isso realmente afeta nossos relacionamentos. Cheguei a um ponto em que não consigo suportá-la, e detesto dizer isso. Já fui casada antes e tinha uma sogra maravilhosa, sem problemas. No entanto, a minha sogra atual é uma criatura estranha, e me sinto mal quando ela está por perto. Nunca encontrei alguém igual. Em geral, meu marido me apoia, mas recentemente ele disse que eu preciso abrir mão do meu ego. Fiquei chocada, e agora estou mais perturbada do que nunca. Sei que ela sempre será a mãe do meu marido, mas como posso ser apoiada por ele e fazer minha sogra entender que ele e eu agora somos uma família?

Resposta:

Não posso garantir que este seja um problema do seu ego, mas acho que é seguro dizer que você não vai conseguir paz nessa questão se isso depender de que sua sogra mude para atender a suas expectativas. Ela é quem é, e isso provavelmente não vai mudar. Além disso, você não pode controlá-la. O que você pode controlar é sua reação ao comportamento dela. É seu papel encontrar uma forma de manter um senso de equilíbrio e harmonia interna diante de qualquer coisa que ela diga ou faça.

Como você e seu marido estão enfrentando desafios para criar uma família em meio a dificuldades financeiras, é natural esperar apoio dos parentes, mas se isso não acontecer, não se deixe perturbar e siga em frente. O mesmo se aplica aos comentários irônicos de sua sogra e ao favoritismo pela neta mais velha. Essas são limitações dela, e você não ganha nada se ficar infeliz por causa das deficiências sociais da mãe de seu marido.

Acerte os ponteiros com seu marido e, juntos, expliquem da forma mais delicada possível que vocês percebem e identificam a ação destrutiva dela e a tentativa de separá-los. E que, enquanto ela continuar com isso, deve entender que você, como mãe, naturalmente precisará tanto quanto possível proteger sua família das atitudes perniciosas dela. Diga-lhe que não está pedindo que ela mude, que ela pode dizer e fazer o que quiser, mas que suas responsabilidades são para com sua família. Se ela insistir em sabotar seu relacionamento, será preciso minimizar a influência dela.

Ao mesmo tempo que explica a sua posição nesses termos simples, dê a ela também uma opção positiva. Diga-lhe que tipo de influência positiva você gostaria que ela tivesse em sua família. Dê-lhe uma visão de como seria para ela ser um membro bem-vindo da família. Finalmente, peça-lhe que avalie se esse tipo de relacionamento com todos vocês não seria muito mais agradável e gratificante para ela do que o relacionamento atual. Se ela for receptiva e quiser buscar uma maneira honesta de avançar nessa situação, pergunte como você e seu marido podem ajudá-la a realizar isso.

PASSIVIDADE DISFUNCIONAL

Pergunta:
Meu pai e minha mãe eram alcoólatras. Eu não bebo, mas vejo que sou realmente passivo e tendo a ser influenciado com facilidade (a agradar aos outros). Nos últimos dois anos, evitei deliberadamente me envolver num relacionamento para procurar me desenvolver espiritualmente. Penso que não ser egoísta muitas vezes significa ceder ou se acomodar diante dos outros, procurando esquecer os próprios desejos. No entanto, parece que muitas vezes me comprometo com coisas que acho certas e mais tarde descubro que não sou bastante forte para levar aquilo adiante. Minhas intenções são boas, mas às vezes o tiro sai pela culatra.

Minha aventura mais recente envolve um possível casamento com uma mulher 15 anos mais nova e estrangeira para dar a ela uma vida melhor. Ela quer muito vir para os Estados Unidos. Eu ainda não a conheci, mas ela é sobrinha de meu mestre espiritual, e eu já me convenci parcialmente de que não faz diferença quem ela seja ou o que eu quero, porque minhas intenções são boas e realmente desejo ajudar, portanto isso deve estar certo. Não fiz promessas, mas parece que a família está bastante desesperada com as condições difíceis de seu país. Parece que quando eu manifesto como gostaria de fazer as coisas devagar antes de me comprometer, a mensagem que recebo é: "Em nossa cultura é importante que a decisão seja rápida para que a comunidade possa ser informada de que a jovem já não está disponível, portanto, se você mudar de ideia depois, isso será uma catástrofe." Eu me sinto pressionado por meu instrutor, mas preciso assumir a responsabilidade. É possível amar alguém e assumir um compromisso com essa pessoa mesmo sem conhecê-la, ou estou me iludindo na esperança de agradar meu mestre espiritual e sua família? Será que isso é outro indício de minha passividade disfuncional? Será que o amor mais realista não envolve conhecer alguém com os mesmos interesses, estilo de vida e metas espirituais?

Resposta:

Parece que sua passividade e seu desejo de agradar podem estar levando você a uma decisão importante sem uma avaliação adequada. O casamento não deve ser assumido como um favor qualquer feito a alguém, por mais que você admire essa pessoa. O casamento envolve o amor de duas almas que se ajudam a descobrir a própria condição divina. Se você deseja sinceramente uma esposa e sente que essa mulher pode ser a companheira ideal, passe algum tempo tratando de conhecê-la e deixando que ela o conheça. Contudo, se a situação deles é tão premente que o casamento deva ser realizado rápido, então você saberá que ela não é a pessoa certa. Com certeza muitos casais encontraram um grande amor por meio de casamentos arranjados em que os noivos não se conheciam previamente. No entanto, o conhecimento envolvido em um casamento arranjado avalia muitas variáveis de personalidade e compatibilidade para aumentar as chances de sucesso conjugal. Parece que nenhuma análise desse tipo está envolvida nesse arranjo. Como você localiza em si um padrão de deixar que os outros se aproveitem de sua generosidade, deve duvidar de que esse casamento proporcione uma felicidade duradoura para qualquer um dos envolvidos. Sua tarefa não é tentar ser mais generoso para ser menos egoísta. Concentre-se em saber o que é o seu verdadeiro Ser. Veja se você pode permitir que sua motivação para ajudar os outros venha de uma percepção de sua ligação espiritual com eles, e não da necessidade de tentar deixá-los mais felizes ou numa situação melhor.

UM IRMÃO IMPOSSÍVEL

Pergunta:
Desde que me lembro, tenho um relacionamento difícil ou até mesmo impossível com meu irmão mais velho. Sinto que sempre o perdoei pelas coisas que fez, mas ele está decidido a me detestar. Ao longo dos anos, perguntei a ele por que me detesta, mas ele não diz. A última vez que lhe perguntei isso foi há um ano.

Enquanto crescíamos, os abusos dele foram de bater em mim a deixar que outros me batessem, de sabotar meu relacionamento com terceiros a me xingar. Depois de adultos, só nos falamos em reuniões de família (de tempos em tempos), e depois de cinco minutos ele está me xingando. Eu não o detesto. Até onde sei, ele é uma boa pessoa, e gentil com os outros. Acho que ele é um homem divertido, inteligente e talentoso. Adoro a mulher dele. No entanto, parece que ele não deixa que ela fale comigo. Durante os últimos cinco anos, tentei esperar para ver no que isso daria, mas senti que precisava traçar um limite quando ele começou a falar mal de mim para meu filho de 5 anos (que na época tinha 4). Eu disse a meu irmão que, enquanto ele achasse que podia fazer aquilo, eu não o queria perto do meu filho. Meus pais ficaram indignados.

E isso cria tensão no meu relacionamento com meu marido e meus pais. Sendo assim, pergunto: como o perdão se encaixa num relacionamento em que tantas pessoas estão sendo feridas?

Resposta:
Acho que você agiu de forma correta quando deixou claro que não é certo seu irmão falar mal de você para seu filho pequeno. Não sei por que seus pais não conseguem ver isso, e por que eles se indignam por você não querer seu irmão perto de seu filho, pois isso me parece razoável. Como já tentou várias vezes descobrir a fonte da hostilidade dele para com você e só teve como resposta mais agressões, você precisa aceitar que essa dificuldade não pode ser resolvida pela interação direta. O que vou dizer pode não parecer uma solução muito boa, mas às vezes, em casos como esse, o melhor recurso é abandonar a luta. Sei que existem tensões familiares causadas por seu relacionamento com seu irmão, mas em seu coração, pare de ver isso como um problema ou como algo que deva ser consertado ou mudado. Aceite a ideia de que os sentimentos dele estão certos exatamente como são, mesmo que jamais mudem e mesmo que você nunca venha a saber por que ele a detesta. Como qualquer outra pessoa, ele tem direito aos próprios sentimentos, e você pode respeitar esse direito dele desde que fique claro que você também tem o direito de preferir não vê-lo. Muitas vezes, quando alguém solta sua ponta da corda nesse cabo de guerra de prolongado antagonismo, o velho padrão se rompe e são criadas as condições para uma mudança no relacionamento.

FAZER AS PAZES COM PAPAI

Pergunta:
Tenho 45 anos e não falo com meu pai há vinte. Sou a mais nova de quatro filhos. Fui a primeira filha a interromper o contato com ele, mas em poucos anos fui seguida por minhas irmãs mais velhas. Meu irmão continuou em contato com ele e conosco. Às vezes meu pai não era razoável, e quando bebia criava situações incômodas. Quando fiz 25 anos, achei que já bastava e pedi a ele para ficar longe. Recentemente, vi o endereço eletrônico dele numa mensagem de minha cunhada para mim e, depois de muito pensar, mandei um e-mail para ele. Junto com algumas informações básicas a meu respeito e a respeito de meus filhos, inclui o seguinte:

"Aceito o passado sem negá-lo e sem apagá-lo, e entendo que em cada momento as pessoas fazem o possível com o que têm. Vendo o passado pela perspectiva de uma mulher de 45 anos, sei que teria agido de outra maneira se na época tivesse a capacidade que tenho agora de entender e lidar com as situações. Também acredito que tudo acontece por uma razão. Estou feliz com quem sou e onde estou agora."

Recebi um telefonema de minha cunhada hoje à tarde e, depois de mais ou menos meia hora, contei a ela o que tinha feito. Ela disse que já sabia, e que meu pai repassara o e-mail para meu irmão, pedindo a opinião dele (meu irmão não se manifestou sobre a questão); então meu irmão mostrou a mensagem para minha cunhada. Estou plenamente consciente de que meu Ser condicionado está sofrendo novamente a rejeição, os segredos e a sensação de que ninguém se preocupa com meu bem-estar. Entendo isso e consigo superar. Minha dificuldade é com o relacionamento que meu irmão manteve com meu pai e comigo e com o fato de que em vinte anos ele nunca tenha falado de mim, nem sequer para dizer a meu pai que eu tive um segundo filho. Não sei qual será o resultado ou se terei uma resposta. Estou com muita dificuldade para processar tudo isso.

Resposta:

O simples ato de mandar uma mensagem para seu pai depois de tantos anos foi uma iniciativa importante para sua psique. Sua referência ao passado foi elaborada de forma tão cuidadosa para parecer filosófica, neutra e isenta de acusações que, em minha opinião, seu pai realmente precisa de ajuda para decodificar e interpretar quais podem ser as suas intenções por trás desse e-mail. Por exemplo, será que sua expressão "estou feliz com quem sou e onde estou" significa que você não tem interesse em dar o próximo passo para vê-lo ou falar com ele, ou significa simplesmente que você está feliz com quem é e onde está?

Não é surpresa que essa abertura de sua parte, depois de duas décadas de silêncio e segredos, suscite fortes sentimentos de rejeição e sofrimento. Isso muitas vezes acontece quando voltamos ao passado e começamos a processar aquelas partes anestesiadas e desprezadas de nosso Ser. No entanto, é uma evolução positiva e saudável. Aconselho que você dê prosseguimento a ela. Talvez você queira mandar outro e-mail apenas para explicar a seu pai seu impulso inicial de escrever. Se achar bastante seguro, pode incluir alguns de seus sentimentos. Se quiser explorar a ideia de vê-lo ou se souber que ainda não quer vê-lo, ou mesmo se ainda não tiver certeza — vá em frente e diga isso. Deixe claro o que você sente sobre a direção que quer dar ao seu relacionamento e ao de seus filhos com ele.

Se seu pai realmente não estiver confuso com a resposta e tiver de fato rejeitado a possibilidade de reatar relações, pelo menos você saberá em que pé estão as coisas e poderá seguir em frente com sua própria cura, e não ficar esperando por ele em algum nível. No entanto, como foi sua a iniciativa de interromper o contato, acho que ele gostará de fazer parte de sua vida, se isso lhe for oferecido.

CUIDAR DE UM PAI CRUEL

Pergunta:
Fui criada por um pai insensível, sem amor, cruel e egoísta — que era deliberadamente mau e gostava disso. Ele me causou muito sofrimento por não me dar o amor e os cuidados que eu merecia. Estou doente e cansada.

Ele é um homem velho e doente, que teve uma boa vida, e agora me vejo sentindo pena dele. Ele ainda me trata sem respeito, mas eu o ajudo, porque meu irmão, a quem ele deu tudo (porque é homem, e também é cruel e egoísta), não ajuda em nada, só tira dinheiro de meu pai.

Eu não recebo e não peço nada. Sinto que deveria fazer isso, mas não sei por quê. Não gosto de estar com ele porque ele ainda não é gentil. Só sinto pena dele. Estou fazendo o que é certo ou apenas me ferindo ao ficar perto de uma pessoa tão negativa, que me faz sentir que sou inferior e não sou amada, mas usada? Isso vai ajudar ou prejudicar meu crescimento espiritual?

Resposta:
Eu não aconselho que você faça isso por piedade ou obrigação, principalmente se essa atitude só a deixa se sentindo desprezada e inferior. Por outro lado, você diz que sente compaixão por ele e não quer nada dele. Para ver as coisas com clareza, acho que você deve avaliar mais atentamente suas motivações básicas. Se na verdade seu impulso de ficar perto dele não está baseado numa esperança secreta de que ele a compense por sua infância sem amor, se esse impulso vem de um local de compaixão e aceitação por quem ele é, independente de seu comportamento e suas crenças, então eu diria que cuidar dele é simplesmente sua natureza, e é saudável para os dois. Mais do que isso, é uma demonstração de que sua verdadeira força, beleza e bondade cresceram e floresceram apesar do início de vida doloroso.

O lótus que cresce no lodo é um símbolo de como nossa essência espiritual e nossa beleza não são limitadas ou definidas pelas circunstâncias de nossa origem.

MÃE DESAMOROSA

Pergunta:
Minha irmã e eu sempre acreditamos que nossa mãe nunca nos amou. Ela jamais mostrou interesse por nosso bem-estar, nosso desenvolvimento ou nosso futuro. De muitas maneiras, às vezes triviais, ela mostra que não tem amor ou interesse por nós. Hoje tenho 49 anos, e minha irmã, 52, e só agora percebi e aceitei o fato de que ela não acredita em família e amor. Embora eu tenha tentado mostrar-lhe amor, ela não mudou. Portanto, cheguei à conclusão de que ela não precisa de amor, pelo menos não do meu ou da minha irmã. Ela também não

acredita em manter a família unida. Ela quer alguma coisa diferente do amor e da família. Agora que estou mais madura, também percebi que não é apenas uma questão de amor, mas também uma questão de ódio. Nossa mãe nos odeia e nos trata como inimigas. Acho que ela é narcisista, porque deixou escapar mais de uma vez que ninguém se compara a ela (é constrangedor!). No entanto, ela nunca se dedicou a nenhum de seus talentos (canto, teatro, moda, ciências etc.). Sim, ela era linda quando jovem, e creio que é por isso que agiu como agiu — não cuidou de nós, nos maltratou e nos rejeitou diariamente —, porque vivia num mundo de fantasia onde se agarrava à sua coroa para que ninguém a roubasse. Parece muito estranho, mas é o que penso.

Foi então que concluí: sim, ela não precisa de amor e de família, ela precisa da coroa da beleza. E sua vida diária e trivial não é real para ela. Pergunto: como posso lidar com isso? Tenho que viver com ela porque estou desempregada, e ela tem 79 anos. Em minha cultura você tem que cuidar dos mais velhos. Não consigo tirar isso da cabeça, e quero resolver esse caso.

Resposta:
Talvez você tenha razão de achar que sua mãe não a ama e que a odeia, mas você e sua irmã não podem ter certeza disso e viver com essa ideia, que claramente deixa as duas muito infelizes. Por que não levar a vida a partir da posição de que a realidade de sua mãe sempre será um mistério impenetrável? Examine seu pressuposto sobre a família e o comportamento narcisista e por que você acha que sua única reação possível é a infelicidade. Nós somos socialmente condicionados para acreditar que as mães sempre devem pensar e agir com altruísmo e amor para com a família. Com certeza, esse é um comportamento materno admirável, mas

sempre que uma mulher se afasta dessa imagem idealizada, a reação convencional é achar que alguma coisa está terrivelmente errada com ela. Talvez algo esteja errado, talvez não. O que você precisa ver é que sua mãe não tem que atender a suas expectativas para que você fique bem. Ela pode ser egocêntrica e mesquinha, e você ainda assim ficará bem consigo mesma se entender que seu estado interno de bem-estar está sob seu controle, e não sob o controle dela. Se esquecer essa história que criou sobre sua mãe, você vai trazer o foco para onde ele deve estar — em si mesma e em como você pode ser feliz onde está neste exato momento.

ESQUECER O ABUSO

Pergunta:
Meus pais não eram ignorantes. Minha mãe era professora de música e meu pai, engenheiro civil. É difícil saber quando o abuso começou, mas ele assumia diversas formas. Por exemplo, eles deixavam que eu ficasse suja quando era criança — tão suja que algum adulto acabava por tomar a melhor providência que podia. Minha mãe pode ter sido maníaco-depressiva, porque só me lembro de seus ataques de fúria, quando ela me batia até eu apagar mentalmente — ao menos acho que apagava, pois me lembro de sensações flutuantes. Eu me escondia durante horas em qualquer lugar, e achava o depósito de lixo um lugar seguro, porque, se eu me escondesse nos armários, ela ficava ainda mais furiosa quando me encontrava. Não havia outro motivo para isso senão suas próprias frustrações. Ela arrancava mechas do meu cabelo, e uma vez, quando eu ia fazer a fotografia da escola, minha mãe agarrou e cortou uma mecha acima da minha

orelha. Creio que as pessoas perceberam, mas não tenho certeza, porque só havia silêncio por onde eu passava. A certa altura, também não lembro quando, meu pai começou a abusar sexualmente de mim. Como às vezes ele fazia isso ao lado de minha mãe, sei que ela sabia. Talvez também tenha sido por isso que ela me deixava tão malcuidada e comprava roupas grandes demais para mim. Acredito que toda vez que um professor, os vizinhos ou alguém começava a achar que alguma coisa estava errada, nossa família se mudava.

Por um curto período, meus irmãos também abusaram sexualmente de mim, mas depois os dois pararam porque imagino que eles também morressem de vergonha. Meu pai era um homem muito forte, e provava isso apertando os braços e as mãos de meus irmãos com tanta força que eles se ajoelhavam e imploravam misericórdia. Acho que, de todas as coisas que aconteceram, isso ainda é o que me deixa mais enojada e furiosa. Ver outro ser humano ser humilhado é indescritivelmente revoltante. Havia mais, mas com certeza isso já é suficiente. Muita gente via meu pai como uma pessoa generosa e boa, pronta a sair de seu caminho para ajudar alguém. Em casa, ele ficava a maior parte do tempo ao ar livre com seus cavalos, enquanto nos seus bons dias minha mãe permanecia no aconchego do lar, lendo ou corrigindo os exercícios dos alunos, mas não me lembro muito bem do interior da residência. Não faz diferença se me lembro ou não, mas ser espancada até perder a consciência não era nada em comparação com o sofrimento emocional de ficar em pé em frente ao espelho e ouvir minha mãe dizer como eu era feia, ou de ver meus irmãos serem humilhados. Houve ocasiões em que minha mãe me amarrou durante horas a qualquer coisa. O lugar mais tranquilo do mundo era embaixo dos imensos galhos de um carvalho à beira do rio Missouri. Lá eu me sentia segura. Enquanto estivesse longe das vistas e esquecida, as coisas não seriam tão más.

Os psicoterapeutas não arranharam nem a superfície; eles nunca entenderam nada e, pelo que me diz respeito, a maioria não passa de um poste para quem você fala de seus problemas, e alguns pareciam em pior condição emocional do que eu. Sempre senti uma atração por curar, porque é claro que isso vinha em meu benefício. Perdi meu cachorro e chamei por ele durante semanas, até que um dia senti uma paz maravilhosa. Uma presença prateada apareceu atrás do meu ombro direito e, sem a menor emoção, eu soube com uma certeza que jamais havia sentido o que aconteceu a meu cachorro. Era pura paz, sem emoção. Fui direto para casa, disse à minha mãe que sabia o que havia acontecido e saí. Ela havia atirado em meu cachorro porque ele mordeu alguém. Não senti tristeza nem raiva, só paz e alegria. Em outras ocasiões, cheguei muito perto da morte e sempre disse: "Ok, Deus, se é isso o que você quer, que seja." Cada vez que isso aconteceu, fui tomada por essa paz maravilhosa.

Comecei a ler seus livros e ouvir suas fitas. De certa forma, eles trazem uma suavidade ao momento. Nessa época, eu ouvia e lia seus trabalhos, que capturavam minha atenção com tanta graça que eu ficava completamente imersa neles. Que dom você tem! Eu passava de carro pelo centro da Meditação Transcendental e acreditava que podia ver uma luminosidade em torno do edifício, e quase dava meia-volta.

Depois de me mudar 33 vezes antes de terminar o segundo grau, cresci cercada por caixas de papelão que, por alguma razão, me causavam bem-estar. Acho que cada vez que nos mudávamos, eu deixava a vergonha para trás e esperava que alguma coisa melhor acontecesse, mas nada mudava. De repente, um dia há não muito tempo, fiquei obcecada com a ideia de me livrar do entulho; fui esvaziando as caixas, e elas diminuíram. Quando fiz isso, voltei a ter sentimento. Parece estranho, mas agora tenho esse nó de medo na boca do estômago, que é tangível e concreto. Para alguns, isso pode parecer ridiculamente trivial, mas aquelas caixas tinham um grande significado, e ser capaz de ter uma sensação de medo é algo positivo. Aquelas caixas foram o começo da cura do meu chakra básico, e agora eu sinto o medo bem dentro do plexo solar. Então, talvez a cura esteja ascendendo. Agora estou ouvindo seu CD The Spontaneous Fulfillment of Desire e perguntando que mantra você acha melhor para remover meu medo. Acho que o mantra certo poderá fazer maravilhas por mim. Como acredito, tenho certeza de que fará. Não sinto necessidade de humilhar ou ferir ninguém, só de levar minha vida com coragem, em vez de medo, já que você mostrou que o medo atrapalha o destino da alma.

Resposta:
Eu quis publicar a sua carta na íntegra para divulgar sua história notável. Meu coração se volta para o seu e para os de todos os que sofreram esses abusos terríveis na infância. Parabéns por ter descoberto o caminho para uma cura tão expressiva. Sua história é um verdadeiro testemunho do triunfo do espírito humano.

Existem muitos mantras que podem ser usados para dissipar o medo. Para você, recomendo o mantra Shri Dum Durgayei Namaha. Ele pode ser dito em voz alta ou pensado em silêncio, sempre que você quiser e quantas vezes desejar A pronúncia é "Xri dum durgaiê namarrá". Boa sorte.

COMO PERDOAR ABUSOS

Pergunta:
Como posso perdoar meu pai pelas agressões? Fico em melhor condição espiritual se mantiver o relacionamento com meu pai, apesar do comportamento dele? Já li suas respostas a perguntas semelhantes no passado, e sinto muito se parecer imbecil, mas simplesmente não entendo suas respostas. Não consigo me ver ao mesmo tempo como vítima e algoz. Entendo que escolhemos nossos pais, e percebo que possa ter escolhido esse relacionamento para aprender a perdoar. Eu gostaria de perdoar meu pai, mas não entendo com base em quê. Meu pai não me protegeu de minha mãe violenta e não providenciava um remédio adequado para minhas cólicas menstruais, que eram tão fortes que me impediam de me levantar. Ele me tratava como se tudo o que eu fizesse fosse errado. Ele agora admite seus erros e diz que lamenta muito, mas que não sabia agir de outra forma. Meu pai é um homem de negócios brilhante e bem-sucedido, e acho difícil acreditar que seu egocentrismo fosse tão grande que o impedisse de perceber minhas necessidades, como afirma.

Compreendo que uma pessoa espiritualmente madura não se importa com a opinião dos outros. Também entendo que é melhor se cercar de gente positiva. A situação é agravada pelo fato de meu pai ser intolerante, conservador e truculento, e eu ser tolerante, liberal e sensível. Nos últimos anos, a meu pedido, nos comunicamos somente por e-mails porque, quando falamos frente a frente, sempre acabamos discutindo. Para ser honesta, nos últimos dois anos meu pai me tratou com respeito. Apesar disso, acho difícil fingir que tudo está bem.

Resposta:

Sua situação mostra bem como o perdão não pode ser acelerado só porque sabemos que essa é nossa meta espiritual. O processo de cura para as feridas do passado não é intelectual. Conseguir perdoar, assumir a responsabilidade pela própria vida e abrir mão do sofrimento não é um procedimento para curar o passado, mas um lugar ao qual se chega quando a cura se completa. De muitas formas, o processo de cura é semelhante ao luto pela perda, porque quando lamentamos uma perda, estamos liberando a dor represada. Nós estamos acostumados a lamentar a morte de uma pessoa amada, a perda de dinheiro ou de uma casa. Somos menos hábeis em curar as perdas que experimentamos pela falta de amor, saúde, respeito e controle, e pelas experiências da infância ou outras inúmeras maneiras pelas quais uma versão de nosso Ser é roubada de nós.

A falta de cuidados e proteção da parte de seu pai sempre vai justificar sua raiva e sua dor enquanto você continuar a viver essa deficiência a partir da perspectiva da criança que passou pelo que não deveria ter passado. Você também pode descobrir que alguns sentimentos com relação à sua mãe também precisam ser curados. Agora que você sobreviveu e cresceu, esses sentimentos podem finalmente emergir e ser curados. A primeira atitude deve ser reconhecer que o ressurgimento desses velhos sentimentos é um sinal positivo e saudável de que você agora está bastante forte para curar as velhas feridas. Deixe que elas venham à tona, não as evite nem procure afastá-las. Mas também não cultive nem exagere esses sentimentos. Deixe que eles sejam o que são.

Devemos permitir que todos os sentimentos envolvidos no processo de luto — pretextos, acusações, desculpas, raiva, ressentimento, mágoa, amargura e, finalmente, aceitação — venham à tona espontaneamente. Você precisa reconhecer que as experiências e perdas ficaram no passado, você sobreviveu e agora está no presente, segura e protegida. A partir desse ponto de vista, suas velhas feridas podem dizer o que lhe causa dor. Você não precisa saber os detalhes exatos do que aconteceu ou quando aconteceu. Você pode ter apenas uma vaga sensação dos fatos, principalmente se eles ocorreram quando você era muito pequena. Basta haver uma disposição para ver e sentir o que houve. Descubra por que o que perdeu era tão importante para você e por que isso tem tanto poder sobre você.

Você vai aprender como lidar com a perda quando entender como evitou a perda no passado, e também quais situações deflagram lembranças de perdas passadas. É assim que se ajuda a reação natural de cura. Não existe um tempo previsto para o processo de cura; tudo depende da perda sofrida, e ninguém pode saber a profundidade do sentimento a não ser você. Por meio desse processo, descarregamos nossa carga emocional e estabelecemos espontaneamente um ser espiritual mais forte no presente. A partir daí, aprendemos a aceitar a perda, a perdoar e a seguir em frente na vida. Quando conseguimos sentir as perdas e deixá-las para trás, não estamos apenas fingindo que as coisas estão bem; nós ficamos bem. Nós não tiramos a responsabilidade de quem abusou de nós, mas finalmente superamos nossa participação naquele relacionamento, e avançamos na direção de um Ser mais poderoso e amoroso no presente.

A meditação pode ajudar a desenvolver e fortalecer o Ser espiritual como base para a cura, a aceitação e o perdão, mas não necessariamente nos dá a coragem, a honestidade e a paciência necessárias para o processo de cura. Essas qualidades você precisa localizar e cultivar dentro de si para que elas possam ajudá-la a concretizar esse processo.

PAIS POUCO ESPIRITUAIS

Pergunta:
Estou no caminho espiritual há muitos anos e entendo que tudo acontece por um motivo. Tenho 40 anos, e ainda me causa espanto pensar em como dentro de toda a população do mundo posso ter escolhido meus pais como o casal perfeito para me criar. Tudo neles grita materialismo — seus péssimos hábitos alimentares, seu vício em álcool e cigarros, sua visão política limitada e beligerante, e seu medo e desespero com relação ao dinheiro e à perda de suas posses. Eu os amo pelo que são por dentro, mas sinto que não tenho nada em comum com seus valores, e me pergunto se estou deixando de ver alguma coisa.

Resposta:
Como tantos aspectos do carma, nossas famílias podem parecer incompreensíveis para nós se tentarmos entendê-las de acordo com nossas preferências do presente. "Perfeito" não significa que você pediu um jardim de rosas e foi atendido. Significa que, no nível da alma, existia uma correspondência entre a imensa complexidade do seu carma e a do carma de todos os que desempenham um papel importante em sua vida. É possível que você tenha pedido esses pais para receber um incentivo necessário para superar esses valores materiais e encontrar o amor que lhe permite apreciá-los apesar das diferenças superficiais entre vocês. É bom lembrar que a perspectiva da alma não é igual à perspectiva do ego.

CULPA

Pergunta:
Sempre achei que quem pede perdão está disposto a mudar. Eu saí de casa relativamente jovem, e agora acho que fiz isso porque sentia inconscientemente que jamais seria capaz de corresponder à minha ideia das responsabilidades envolvidas na condição de filho mais velho. De vez em quando, telefono para minha mãe (meu pai já morreu), e alguns de nós nos comunicamos por e-mail. Eu gostaria de me livrar do sentimento de culpa causado por essa situação, mas tenho que encarar meu próprio egoísmo.

Resposta:
Acho que você está sendo muito rigoroso consigo por uma escolha que fez há muitos anos, quando era bem diferente da pessoa que é hoje. Talvez agora, nas mesmas circunstâncias, você tomasse uma decisão diferente da que tomou quando era mais jovem, mas na época você fez o melhor que podia. Isso é o máximo que podemos fazer. Você não pode voltar atrás e mudar o passado, mas pode aprender com ele, e parece que isso está acontecendo. Você pode deixar a culpa para trás, perdoando-se e reconhecendo que isso foi parte do processo de aprendizagem da vida que o trouxe até onde você está agora; portanto, nesse sentido, sua escolha certamente não foi errada — simplesmente foi. O que você controla hoje é esse momento do tempo, e esse é seu espaço de liberdade para agir. Assuma o momento presente e crie com sua família o relacionamento que você deseja.

CONFISSÃO

Pergunta:
Tenho 17 anos, e recentemente comecei a trilhar o caminho espiritual. Até agora, sinto que cometia muitos erros e não vivia uma vida de completa honestidade. Eu costumava mentir para meus pais para conseguir o que queria. Agora vejo como fui egoísta. Por isso contei a verdade a meus pais. No entanto, desde essa confissão eles estão muito transtornados. Meu pai não fala comigo, e minha mãe e minha avó insistem em lembrar que eu pequei e destruí a reputação delas. Estou muito feliz com minha decisão de dizer a verdade a eles, mas tenho problemas com o sentimento de culpa. Sinto que agi mal com eles e comigo. Há pouco tempo, comecei a meditar e descobri que, no nível do silêncio, não sinto culpa, mas quando perco aquela tranquilidade, eu me sinto extremamente ferida, culpada e solitária. O que posso fazer para aliviar esses sentimentos?

Resposta:
Não sei que mentira você confessou para seus pais, mas uma vez que admitiu seu erro para sua família com a intenção de ser mais honesta, parece excessivamente duro da parte deles afastarem-se de você. Dê tempo ao tempo e pergunte-lhes o que pode fazer para melhorar a situação. Os adolescentes vêm manipulando a verdade diante dos adultos há milhares de anos; isso não é o fim do mundo. Nenhuma reputação familiar foi irremediavelmente perdida por sua causa, portanto não assuma essa culpa. Você fez o que era certo quando pôs as cartas na mesa com sua família, e com o tempo eles admitirão isso. Até lá, continue a praticar meditação, e o sofrimento e a culpa logo serão dissipados.

SEGREDOS, VERGONHA E AMOR

Pergunta:
Sou uma mulher de 30 anos e vivo com meus pais. Minha vida não tem direção. Não fiz nada da minha existência. Não estudei, só terminei o ensino médio. Trabalho em um escritório como secretária. Não sou boa no que faço, pois não sei onde encontrar tempo para fazer tudo o que precisa ser feito, não sei o que fazer primeiro, a quem obedecer primeiro ou como cumprir bem minhas tarefas.

Costumava chegar cedo e não sair para almoçar, mas sempre me davam mais tarefas, portanto, não faço mais isso. Também sinto que no trabalho sou explorada, não sou apreciada e respeitada, e não tenho tempo suficiente para cumprir bem meus afazeres. Não sei como agir nem como melhorar. É muito importante para mim desempenhar meu trabalho, e não estou conseguindo isso. Não estudei nada, e acho que, se deixar esse emprego, não conseguirei outro. Não tenho facilidade de relacionamento. Acabo criando inimigos em todo lugar.

Não tenho amigos, não tenho namorado, e também não quero ter. Não fico à vontade com as pessoas. Não gosto de estar perto delas. Não quero que os outros vejam as coisas que já fiz (falei mal de quase todo mundo pelas costas), não quero que vejam que sou fria, não tenho sentimentos calorosos por ninguém e não gosto de ninguém. Não quero que vejam que sou uma fraude (eu finjo que gosto dos outros). Não quero que os outros descubram que não tenho namorado e também não quero ter. (Não sou gay, mas algumas pessoas acham que sou e dizem isso para me insultar, gente que mal conheço!) Não quero que os outros saibam que sou esquisita, que as pessoas me tratam mal e que não tenho amigos. Não quero que ninguém saiba que não tenho personalidade.

Quando estava na escola, tinha alguns amigos que eram gente muito boa. (Agora não tenho mais, eu ofendi a maioria deles; perdi a conta das bobagens que fiz, e é por isso que fujo das pessoas.) Eu era mais agradável, e os outros costumavam gostar de mim. Tinha meus valores e meus ideais, tinha sonhos sobre o que gostaria de fazer no futuro. Eu era uma excelente aluna e estudava muito, e sabia que podia conseguir o que quisesse.

Eu queria ter uma família um dia, e pensava em todas as coisas que faria ou deixaria de fazer. Prometi a mim mesma nunca mentir para meus filhos, sempre agir de acordo com meus valores para não precisar mentir para eles; eu achava que, se mentisse, um dia eles iriam descobrir, porque a verdade sempre aparece, e eles nunca mais acreditariam ou confiariam em mim; e os outros também não confiariam em mim, e eu não queria que isso acontecesse.

Eu era infeliz em minha casa. Detestava meu pai. O que eu mais queria era ter idade suficiente para ir embora, e prometi a mim mesma não esconder segredos dos outros e dos meus filhos, como meu pai fazia. Prometi que nunca seria cruel com meus filhos, nem despótica. Prometi nunca desistir da vida, como ele fez. Nunca trabalhar em excesso para realizar meus sonhos.

Depois da puberdade, descobri a masturbação. Quando soube o nome daquilo, não gostei. Não queria que os outros soubessem o que eu tinha feito, ou que meus filhos viessem a saber, portanto agora eu tinha segredos! Sou como meu pai! E eu havia prometido que não seria igual a ele, que se eu descobrisse que era igual a ele não teria filhos, por mais que os quisesse, para não acabar com a vida deles. E isso dói, porque eu realmente queria ter minha própria família e muitos filhos. E também pensava que, se eu fosse como meu pai, quem poderia me amar? Ninguém. (Eu achava que minha mãe vivia com ele porque era burra.) Eu nunca me casaria. Além disso, quem me levaria a sério se soubesse que eu não queria ter filhos? Eu queria morrer. Então pensei que não podia deixar ninguém se aproximar e ver quem eu realmente era, porque nesse caso eu não teria amigos. E concluí que, se estudasse ou trabalhasse, outras pessoas me enxergariam, isso seria inevitável. Não via uma saída. Havia algo que eu não estava enxergando?

Durante toda a infância, desejei que meus pais se divorciassem. Meu pai tratava minha mãe muito mal. Ela não se defendia, e ele a insultava. Perguntei a ela por que não o deixava, e ela respondeu que era apaixonada por ele. Portanto, entendi que se apaixonar era a pior coisa, a maior burrice que uma mulher podia fazer, a melhor maneira de estragar a própria vida, como minha mãe tinha feito. Assim, jurei para mim mesma que nunca me apaixonaria. Nunca perderia a cabeça por alguém, pelo bem dos meus filhos (já que eu pensava que era tão infeliz tendo que viver com meu pai por causa da escolha idiota da minha mãe), e ao primeiro sinal de um defeito importante, eu deixaria meu marido, por mais que o amasse. Pelo bem dos meus filhos eu seria forte — ao contrário de minha mãe.

Quando criança, eu também achava que o suicídio era imperdoável. Sentia que esse era o desejo do meu pai, que era tão deprimido, e achava que minha mãe não ia embora por isso — por temer o que ele poderia fazer. Ela também pensava (e disse isso muitas vezes) que o divórcio não era bom para os filhos, que ficariam com "problemas psicológicos".

Ao concluir que não havia mais nada para mim na vida (eu não me casaria nem teria filhos ou amigos, portanto, para que estudar? Algum dia eu teria que me matar), fiquei com raiva de meus pais porque me tiveram. Eu estava furiosa com eles e com a vida. Com o tempo, comecei a ser má comigo mesma e com os outros, de propósito. Eu queria me destruir, e passei a ser contra praticamente tudo o que considerava certo, de modo a não haver uma saída para mim. Sendo assim, agora tenho muito mais coisas que não quero que os outros descubram. Eu traí pessoas. Fico longe delas porque não quero que descubram e me rejeitem. Na época em que eu era uma boa pessoa, teria rejeitado quem fosse como sou agora.

E eu queria tanto ter alguém com quem pudesse conversar, porque pensava que não fazia sentido estar viva. Ao mesmo tempo, sabia que não havia nada para mim na vida, só do outro lado. Era assim que eu via. Não confiava em ninguém. Achava que meu segredo era horrível demais e doentio, e que não podia revelá-lo a ninguém, porque, se fosse revelado, poderia se espalhar, e todo mundo saberia. E isso seria insuportável.

Eu fazia uma cara feliz e representava para a família, mas sentia que estava me afastando de todos. Nunca disse a meus pais que desde aquela época (14 anos) eu queria morrer. No entanto, precisava ter muito cuidado. Não quero que os outros saibam.

Tentei fazer terapia, mas não funcionou. Eu sabia que não funcionaria, porque não podia falar do que realmente conta, do motivo de minha depressão. Esse era meu grande segredo.

Mais tarde, desenvolvi ódio pelos psicólogos, porque senti que eles não me ajudaram — e poderiam ter ajudado se quisessem, mas só se importavam com dinheiro.

Agora sinto que, se não fizer o que é exigido em meu trabalho, posso ser demitida. Às vezes sinto que o que me pedem está errado, mas sei que não vou conseguir outro emprego, e não tenho certeza de que irei me matar.

De início, eu não queria trabalhar porque sabia que não tinha bom senso, não sabia como me relacionar e não me sairia bem, não era mais capaz de aprender e não seria uma boa profissional; e tudo isso se mostrou verdadeiro. Além do mais, não sei como melhorar no trabalho. Estou sempre estressada.

De qualquer maneira, a vida não faz sentido. Não tem jeito — minha vida não existe. Apesar de agora me sentir melhor do que me sentia, por exemplo, entre os 15 e os 25 anos, ainda penso em me matar porque não vejo como fazer bem meu trabalho, e isso é importante para mim. Não sei como fazer coisa alguma — como dar conta das tarefas, o que dizer e o que deixar de dizer —, e já não me sinto bem perto de outras pessoas.

Resposta:

Essa é uma carta extensa, e muita coisa está acontecendo. Ao ler o que você escreveu, a primeira coisa que me chama a atenção é que você é uma boa pessoa, com ideais elevados, mas extremamente crítica de si mesma. Você se ressente de já não ser mais sociável e se sente desonesta quando tenta se enturmar. No entanto, você estabelece para si padrões inatingíveis e acredita que os outros vão julgá-la de acordo com esses padrões, se você deixar. Por essa razão, acredita que, se evitar relacionamentos, poderá se proteger da rejeição e do sofrimento de ser rejeitada. Se você recuar um pouco e examinar sua situação, acho que poderá ver que ao se isolar você conseguiu exatamente aquilo que estava tentando evitar.

Você deu um passo importante quando superou sua preocupação com segredos e escreveu essa carta para mim. É importante ser capaz de falar sobre as coisas de que não temos orgulho e descobrir que isso não faz mal. Seu verdadeiro Ser é puro amor, puro conhecimento e pura alegria. As imperfeições e idiossincrasias de nossas personalidades não fazem parte dele. Essas características podem fazer parte do Ser mais amplo, mas não nos definem. Você ainda é uma boa pessoa, que merece amor e respeito, quer seja sociável, quer não. Sua vida tem um valor e um objetivo, mesmo que seu ego se sinta confuso e estressado.

Você pode começar a se perdoar. Não faz mal não ser perfeita. Na verdade, a vida é muito mais rica se houver vulnerabilidade, espontaneidade e até mesmo um pouco de desordem. É uma ilusão pensar que se sentirá segura se controlar as situações ou as pessoas.

Parte da alegria e da aventura da vida é não saber o que está por vir. Perdoar a si mesma é saber que você é uma boa pessoa, mesmo que não seja sempre a mãe perfeita ou a secretária perfeita. Essas coisas são apenas papéis que desempenhamos. Elas não nos definem.

Quando você mencionou a masturbação, percebi que você tem muita vergonha de seus desejos sexuais. A masturbação fez você pensar que tinha segredos a esconder dos outros e concluir que não merecia ter filhos. Não há nada errado ou vergonhoso em ter uma natureza sexual. E isso certamente não nos desqualifica como pais. Tudo indica que você funciona de acordo com uma lógica pessoal segundo a qual, se tiver segredos, automaticamente será desonesta; que guardar segredos dos filhos tornará a vida deles infeliz. Todo pai ou mãe sabe que nem sempre é preto no branco o que é adequado dizer aos filhos em diferentes idades.

Você também formou muitos de seus ideais de criação de filhos como reação a seu pai. Você prometeu que com seus filhos não seria despótica, cruel, falsa, ou sem esperança na vida. No entanto, em seu autorretrato podemos ver que você não foi generosa com os amigos e colegas de trabalho, nem honesta sobre quem você é. E sua ideia de suicídio desde a adolescência mostra que muitas vezes você pensou em desistir da vida. Portanto, fossem quais fossem as limitações de seu pai, suas queixas parecem estar mais relacionadas com seus próprios medos da vida do que com ele. Portanto, no momento certo você provavelmente o perdoará também. Além disso, você viu o amor de sua mãe por seu pai como uma idiotice, e a permanência dela ao lado dele como um indício de fraqueza.

Isso também mostra que você vê a entrega, a sensibilidade e a vulnerabilidade do amor como um defeito ou fraqueza. Isso não é real, o amor é o tempero da vida, mas você jamais saberá disso se não assumir o risco com alguém.

Você não quer um namorado e não quer amigos, mas diz que deseja demais ter com quem conversar. Seu coração está implorando por contato humano, mas você julga não merecê-lo porque não é bastante agradável ou bastante boa. Você merece esse contato. O milagre do amor humano e da amizade é não depender do quanto somos críticos com relação a nós mesmos.

Apesar de sua experiência com a terapia não ter sido positiva, eu gostaria que você continuasse tentando. Agora que descobriu como é saudável e libertador ser capaz de expressar as coisas de que tem vergonha, continue a procurar até encontrar alguém com quem se sinta à vontade para rever todo esse material.

Essa deve ser sua prioridade nesse momento, e não o esforço para melhorar no trabalho. Quando você se aceitar e se amar, estará em condições de pensar sobre o que realmente quer fazer. A partir daí, poderá até decidir voltar a estudar e ter um diploma em alguma carreira que torne sua vida mais significativa.

6

Criação dos filhos

CRIAR FILHOS

Pergunta:
Biologicamente, a maioria das pessoas pode ter filhos, mas isso não torna ninguém capaz de criá-los bem. Os filhos são uma dádiva preciosa, e eu gostaria de dar a meu filho o melhor início de vida em todos os níveis, inclusive o espiritual. Em sua opinião, quais são as melhores práticas e atitudes que devemos adotar com nossos filhos em crescimento? Você recomenda orientá-los a meditar desde cedo?

Resposta:
Ensinar uma criança a meditar desde cedo não é tão importante quanto estimulá-la a cultivar o sentido da própria espiritualidade. A partir daí, o próprio interesse da criança será o melhor guia sobre o momento mais apropriado para meditar. Talvez seja bom você dar uma olhada no livro *As sete leis espirituais para os pais*. Uma criação espiritual é evidentemente um tema importante, e só posso apresentar aqui algumas ideias. O sucesso que desejamos para nossos filhos deve incluir a capacidade de irradiar alegria, de amar, de sentir compaixão e de sentir

a segurança que vem de saber que nossa vida tem um propósito. E finalmente, o sucesso espiritual implica ter uma conexão com a energia criativa e vital do cosmos. Quanto mais conexão temos, mais desfrutamos da abundância do universo, que foi organizado para realizar nossos desejos e aspirações. É da intenção divina que cada ser humano desfrute de sucesso ilimitado, portanto o sucesso é totalmente natural. Eu reescrevi as sete leis espirituais de modo que até uma criança pequena possa mantê-las na mente e no coração.

PRIMEIRA LEI: Tudo é possível.
SEGUNDA LEI: Se você quiser alguma coisa, dê essa coisa.
TERCEIRA LEI: Quando fazemos uma escolha, mudamos o futuro.
QUARTA LEI: Não diga *não*, siga o fluxo.
QUINTA LEI: Toda vez que desejamos ou queremos algo, plantamos uma semente.
SEXTA LEI: Aproveite a viagem.
SÉTIMA LEI: Você está aqui por uma razão.

Uma criança criada com habilidades espirituais será capaz de responder às questões mais básicas sobre o funcionamento do universo; ela entenderá a fonte da criatividade dentro e fora de si e será capaz de praticar a equanimidade, a aceitação e a verdade, que são as habilidades mais valiosas para lidar com outras pessoas; será capaz de viver livre do medo paralisante e da ansiedade sobre o significado da vida, sentimentos que são o verme que devora o coração da maioria dos adultos, quer eles admitam, quer não.

Toda criança já tem uma vida espiritual. Isso acontece porque toda criança nasce no campo da criatividade infinita e da pura percepção do espírito. A melhor criação que você pode dar a seus filhos é a criação espiritual. O espírito precisa ser cultivado, nutrido e estimulado.

Desde que seu filho nasce, você é um instrutor do espírito. Se criar uma atmosfera de confiança, franqueza, equanimidade e aceitação, essas qualidades serão absorvidas como qualidades do espírito. Num mundo perfeito, a criação dos filhos seria resumida a uma única sentença: só mostre amor, só seja amor.

SER MÃE SOLTEIRA

Pergunta:
Quero muito ter um filho, mas não encontrei um homem com quem tê-lo. É possível que eu tenha a criança por inseminação artificial, e essa seria uma experiência maravilhosa. Quero dar a meu filho uma infância boa e cheia de amor, e um bom início de vida, com a certeza de que a vida é cheia de possibilidades. Entendo que a decisão de que meu filho não vai ter pai é algo "incomum". Isso cria alguma dificuldade para o carma da criança ou o meu?

Resposta:
Uma criança pode ter uma infância plena e cheia de amor sem um pai biológico por perto, mas será necessário ter uma figura paterna estável que lhe dê o amor, o apoio e a orientação necessários. Talvez você ainda não tenha encontrado o parceiro certo, mas não desconsidere essa possibilidade — isso ainda pode acontecer.

Contudo, se você realmente quiser ter um filho, com ou sem um parceiro, veja que assistência pode encontrar para a criança na família e com os amigos, de modo a garantir que ela tenha todo o amor e a orientação necessários. Além disso, lembre-se de que, quando uma alma decide nascer, ela escolhe os pais e as circunstâncias necessárias para sua jornada evolutiva. Como mãe, você tem a responsabilidade de dar a melhor criação possível para seus filhos. No entanto, se amar seus filhos com todo o coração e fizer o máximo, não estará impondo a eles nenhuma dificuldade cármica que não esteja incluída nos parâmetros da intenção da alma deles.

DESAFIOS DE UMA MÃE SOLTEIRA

Pergunta:
São muitas as mães solteiras que estão fazendo o máximo para criar os filhos sozinhas, desempenhando muitos papéis simultaneamente e dando aos filhos todo o necessário. Elas trabalham, cuidam dos problemas de saúde (muitas vezes resultantes dos traumas do divórcio), administram a casa e ajudam os filhos com seus problemas, crescimento, escola etc. As vidas das mães solteiras são desequilibradas, e muitas têm medo do futuro, sofrem de ansiedade e se sentem assoberbadas e no limite.

Que conselho você daria a elas? O que é mais importante nessa jornada? Para que serve essa experiência? Que lições devem ser aprendidas? A o que recorrer e como? Como não ter medo e ser otimista?

Resposta:
As lições para as mães solteiras certamente serão diferentes e exclusivas de cada uma. No entanto, o que eu assinalaria para todas é a importância de cuidar de si mesmas como base para todo o resto. Isso significa repousar bastante, comer alimentos frescos e saudáveis, exercitar o corpo e se movimentar todo dia, buscar o apoio emocional da família e dos amigos e fazer questão de rir diariamente. Se você puder manter uma rotina vagamente semelhante a essa, terá os recursos internos necessários para lidar com as demandas inevitáveis, sem perder o equilíbrio interior.

FILHOS NÃO PLANEJADOS

Pergunta:
O fato de um filho não ter sido planejado pelos pais influencia a escolha da alma por uma criança ou sua evolução durante a infância?

Resposta:
Talvez o planejamento possa fazer alguma diferença, mas não há como dar uma resposta definitiva para essa questão. O fator mais importante na evolução de um novo ser no mundo é o amor que os pais lhe dedicam durante a gravidez e a infância. O processo de escolha da família por uma alma é complicado e velado demais para ser discutido de forma prática, mas é bem entendido que as crianças muito amadas pelos pais florescem, quer tenham sido planejadas, quer não.

OS PAIS E A ESPIRITUALIDADE

Pergunta:
Você acha que quem cresceu sentindo falta de coisas como um pai atento ou uma mãe amorosa tende a ser mais espiritual? Nesse caso, você acha que a espiritualidade pode trazer conforto para essas pessoas?

Resposta:
Não acho que a falta de uma mãe ou de um pai na fase de crescimento, por si só, possa tornar alguém mais espiritual, mas pode definir muitos problemas espirituais que essas pessoas enfrentarão no caminho. O relacionamento com a mãe e o pai caracteristicamente reflete nossas crenças e nosso relacionamento com os aspectos feminino e masculino de Deus. Quem cresce sem um pai por perto pode ter sua jornada espiritual afetada por sentimentos de estar desprotegido e abandonado por Deus. Quem cresce sem uma mãe amorosa pode ter problemas espirituais de não se sentir amparado e amado por Deus.

INTERNATO

Pergunta:
Somos uma família hinduísta de classe média e temente a Deus. Perdi minha mulher no ano passado, e desde então notei que minha única filha, de 15 anos, perdeu o interesse pelo puja — ritual religioso realizado pelos hindus como uma forma de oferecer símbolos de gratidão a divindades, pessoas ilustres ou convidados especiais — e pelos rituais que sempre realizava alegremente com a mãe. Os membros

mais velhos da família insistem que ela faça o puja diário, mas ela se ressente. Meu problema é: embora seja emocionalmente madura e pareça ter recebido com tranquilidade a perda da mãe, ela está para ser mandada para uma escola interna de orientação internacional e baseada num currículo norte-americano.

Será que ela conseguirá lidar com os valores cristãos e o ambiente internacional com crianças muito afluentes e de diferentes culturas? Em outras palavras, estou preocupado com a dificuldade de socialização e os desajustes, além de uma possível crise religiosa.

Minha pergunta pode não estar diretamente relacionada com a adolescência e a espiritualidade, mas, após ter lido seus livros e artigos, estou certo de que uma resposta sua será uma orientação melhor do que a de um orientador educacional.

Resposta:
Não recomendo obrigá-la a realizar *pujas* diários contra a vontade. Ela tem idade suficiente para se sentir motivada a seguir suas práticas espirituais por interesse próprio. Se agora ela se sentir obrigada a realizá-las, terá menos vontade de voltar a elas quando estiver longe e por conta própria num internato. A grande perda emocional sofrida com a morte da mãe naturalmente terá consequências. É normal que ela perca o interesse pelas práticas espirituais que gostava de compartilhar com a mãe. Deixe que ela descubra sozinha o significado da espiritualidade, sem interferência dos adultos.

Qualquer pai estaria preocupado com a vida de uma filha em uma escola com um ambiente cultural e social tão diferente daquele a que ela está habituada. É inevitável que ela passe por um período de ajustes e de reavaliação de valores.

Isso é natural. Esse é o processo de amadurecimento pelo qual todos nós passamos. Ela tem o seu amor, o ambiente familiar, as tradições, a herança espiritual. Com tudo isso, você precisa confiar que ela encontrará o próprio caminho nesse período da vida.

UMA FILHA DE 2 ANOS

Pergunta:
Minha filha tem 2 anos. Eu sou mãe solteira e vivo com minha mãe. Minha filha vive cercada por pessoas afetuosas, e tentamos atender às necessidades dela tanto quanto possível. Comecei a tentar explicar-lhe aspectos de segurança de forma simples, como a melhor maneira de se aproximar (ou não) de certas pessoas. Nós vivemos em Poznan, na Polônia (eu passei nove anos em Toronto, no Canadá, onde minha filha nasceu). Tento fazê-la perceber que algumas pessoas não são boas (e que às vezes não é fácil reconhecer imediatamente se uma pessoa é boa ou não, portanto é melhor que ela fique perto de mim). Porém, ao mesmo tempo, tento não assustá-la. Até agora, em algumas ocasiões ela se mostrou mais cautelosa e não parece traumatizada (felizmente!). Por favor, você poderia me dar algumas sugestões sobre a melhor maneira de falar de questões de segurança com minha filha e mostrar-lhe aos poucos como pedir ajuda, defender-se (se necessário) e principalmente evitar todas as "ocasiões" de perigo?

Sei como é importante falar sobre isso não só em termos genéricos, mas também de forma específica. Meus pais não conseguiram evitar que aos 5 ou 6 anos eu fosse sexualmente agredida por um homem desconhecido quando brincava numa área de lazer. (O homem me pediu para ir com ele até o porão, tocá-lo e não falar a ninguém de minha "experiência"; eu contei a minha mãe quando já era adulta.)

Resposta:
Você está certa sobre a importância de ensinar sua filha a se proteger desde cedo. Diante de sua história pessoal de abuso sexual na infância, será sempre uma questão delicada informar sua filha sobre esse tema sem lhe transmitir parte de seu medo decorrente do passado. Não acredito que aos 2 anos seja útil lhe dar informações muito detalhadas sobre os potenciais perigos do mundo. Nessa idade, a ênfase principal deve ser simplesmente sobre a necessidade de que ela fique a seu lado. Quando ela for mais velha, será interessante lhe explicar como determinar se alguém é uma ameaça, como evitar essas situações e pedir ajuda. Acho que você tem uma boa percepção do que é necessário ensinar a ela, mas não se apresse demais e não lhe diga mais do que ela pode entender. Portanto, procure ter certeza de que a orientação é indicada para a idade dela e tão simples quanto possível, para que as instruções de segurança sejam para ela, e não para seu próprio sofrimento. Procure ensinar-lhe segurança pessoal da mesma forma direta com que lhe ensina a agir no caso de um incêndio em casa.

PESSOAS BOAS E MÁS

Pergunta:
Minha filha de 17 anos e eu discutimos sobre nossas maneiras de ver as pessoas. Ela acredita firmemente e insiste em ser receptiva e tornar sua alma acessível a todo o mundo, não

importa a quem. Para ela, o mal é não acreditar nas pessoas e não aceitá-las incondicionalmente. Ela não quer nem ouvir quando lhe digo que precisa se proteger. Na opinião de minha filha, proteger-se seria fechar sua alma para os outros, e que eles sentiriam isso e os relacionamentos não seriam puros e profundos. Eu gostaria de ter suas opiniões e sugestões.

Resposta:
Para começar, parabéns por criar uma filha num ambiente que fez dela uma pessoa segura e confiante. Essa é uma conquista rara em nossos dias. Agora, você está preocupada, com razão, porque ela está chegando à idade adulta e vai entrar num mundo de estranhos, onde sua inocência e sua natureza confiante não a protegem dos perigos muito reais que existem fora de casa.

Explique-lhe que procurar ter relacionamentos seguros e apropriados com os outros não é o mesmo que desconfiar deles ou esperar o pior deles. Quando entramos num carro, não partimos do princípio de que vamos sofrer um acidente, mas usamos o cinto de segurança mesmo assim. Aprender a ter segurança emocional com os outros significa não se tornar acessível ou vulnerável até ter uma profunda intuição de que eles são confiáveis. Por ser tão jovem e idealista, ela vai precisar de alguns erros e acertos para adquirir sabedoria e experiência antes de poder confiar na intuição. Infelizmente, não existe uma maneira de adquirir esse conhecimento sem viver a vida e aprender com ela, sobretudo nas questões do coração. Quando ficar mais velha, ela saberá quem é confiável e digno de sua entrega emocional e quem não é. Além disso, ela pode admirar indivíduos com personalidades extrovertidas e expressivas — pessoas de coração aberto — e achar que isso é um modelo de entrega e aceitação. Isso é um tipo de entrega, porém em geral bastante superficial, porque o que está sendo compartilhado são entusiasmos e sentimentos passageiros, e não a alma ou o cerne do seu Ser. Ela descobrirá que as conexões significativas entre almas acontecem automaticamente, quer as pessoas sejam ou não acessíveis, quer se protejam ou não.

O verdadeiro Ser ou alma não precisa de proteção nem de ajuda para ser acessível. Essa é sua natureza. No entanto, os delicados sentimentos do coração precisam de uma proteção sensata quando somos jovens e até termos adquirido mais sabedoria.

ORIENTAÇÃO A CRIANÇAS

Pergunta:
Como você ajudaria crianças pequenas a entender situações difíceis? O pai de meu filho é muito deficiente em suas responsabilidades e tem valores muito diferentes dos meus. Nós nos entendemos bem e estamos felizes, mas há momentos em que vejo e ouço a decepção e a confusão de meu filho. Eu disse a meu filho que as ações dos outros não dizem respeito a ele. Também o estimulo a falar sobre seus sentimentos positivos e negativos. Esse padrão de comportamento esteve presente desde o início de minha relação com meu ex-marido. Entendo meu papel e reconheço que recebi exatamente o que me foi apresentado. Estou tentando encontrar formas de limitar os efeitos negativos sobre meu filho.

Resposta:
Com base em sua carta, não é fácil determinar de que forma o pai falhou em suas responsabilidades. Não sei se estamos

falando de um problema de pequena importância, como não ter assistido a um dos jogos de futebol do filho, ou de um problema de maior porte, como ser um presidiário e viciado em heroína. Sua abordagem no sentido de encorajar seu filho a expressar os próprios sentimentos certamente é saudável. É claro que a reação do seu filho também será muito diferente se ele tiver 3 ou 17 anos de idade. Imagino que ele seja relativamente pequeno; nesse caso, o importante é observar se ele não se culpa pelos problemas que observa nos pais. Não é preciso lhe explicar os problemas em detalhes, porque isso só vai levá-lo a pensar que deve tentar corrigi-los de alguma maneira. Sendo assim, você age bem quando o ajuda a entender que não é responsável pelas deficiências do pai. Essas ferramentas cognitivas ajudarão seu filho a criar limites emocionais claros e saudáveis, o que lhe será muito útil na infância e no resto da vida.

ZOMBARIAS NA ESCOLA

Pergunta:
Tenho um filho de 14 anos (somos pais indianos que vivem nos Estados Unidos). Nosso filho está sendo alvo de zombarias e é ridicularizado pelos colegas de escola. Nós sabemos que ele é uma criança sensível e reservada por natureza. Ele diz que não consegue ser amigo dos colegas, que o atormentam com apelidos e o diminuem. Que conselho posso dar a ele para fazê-lo ter força e autoconfiança para enfrentar esse desafio na escola? Seus perseguidores às vezes usam linguagem vulgar e comportamento agressivo. Como ele pode lidar com esse tipo de comportamento? Ele está perdendo o interesse pelos estudos, e vive zangado e triste.

Resposta:
Seu filho tem idade suficiente para entender que aqueles que o perseguem fazem isso porque se sentem inseguros e fracos. Rebaixar os outros é o recurso que usam para se sentir melhor consigo mesmos. Se seu filho reconhecer isso, poderá aprender a se manter indiferente aos comentários e não tomá-los no nível pessoal, porque aquelas expressões não têm nada a ver com quem ele é. Faça-o imaginar que os colegas estão ridicularizando outra pessoa, e não ele. Na verdade, é exatamente isso o que acontece.

É difícil para uma criança dessa idade não se envolver com os comentários e as opiniões dos colegas, porque ela espera encontrar nos seus pares muitos elementos para a formação da própria identidade. Contudo, essa situação é uma oportunidade para seu filho dar um grande passo na formação do verdadeiro sentimento de quem é e descobrir fontes saudáveis para o autodesenvolvimento. Espero que ele tenha força e coragem para encontrar o próprio caminho nessa fase difícil.

GRITAR COM AS CRIANÇAS

Pergunta:
Minha mulher e eu fomos abençoados com dois filhos maravilhosos, um menino de 9 anos e uma menina de 12. Sou o treinador do time de hóquei do meu filho, e minha mulher participa das aulas de dança de minha filha. Nossas vidas giram em torno deles, e fizemos sacrifícios para estar sempre à disposição para apoiá-los.

Agora que eles estão crescendo, nossa preocupação é: como impor disciplina sem gritar o tempo todo? Parece que nos últimos tempos estamos sempre no pé deles repetindo eternamente as mesmas instruções.

Acreditamos em muito amor e estímulo para os filhos, e tentamos muitos métodos diferentes de disciplina. Detesto dizer que os gritos parecem ser a única coisa que realmente funciona, e me decepciona ter que usar esse recurso.

O que podemos usar do ponto de vista do espírito para impor-lhes disciplina de uma maneira menos agressiva, mas que seja eficiente?

Resposta:

Vocês parecem ser um casal muito conscienioso e afetuoso, que sente frustração e raiva quando os filhos não reagem como vocês gostariam. O problema é que, apesar de atraírem a atenção das crianças, os gritos não são realmente eficazes. A tendência delas será se fechar diante da raiva de vocês e parar de escutar. A comunicação por meio da intimidação não é um modelo de comportamento desejável para passar aos filhos.

Não faça de sua raiva uma desculpa para gritar, mas veja-a como um sinal de que precisa resolver um problema — e não só um problema externo de comportamento deles; veja-a também como uma oportunidade para vocês descobrirem por que estão fazendo tanto do seu sentimento de bem-estar depender das ações de terceiros.

Não veja essa interação como uma disputa de poder, mas como uma maneira de ser para seus filhos um exemplo de habilidades de comunicação maduras e não violentas. Isso será para eles uma herança mais valiosa do que o hábito de recolher as roupas do chão para evitar ouvir gritos. Se o comportamento difícil das crianças estiver escondendo um problema emocional mais profundo, será preciso conquistar a confiança e a acessibilidade delas para ajudá-las, e os gritos só poderão deixá-las mais defensivas e reservadas.

É muito bom ser firme e claro sobre o que você quer, mas num tom calmo. Mantenha o controle da situação — não deixe as coisas fugirem ao controle por algum tempo para depois reagir de maneira furiosa e desproporcional. Ouça as crianças e faça o possível para que elas entendam o que você quer, procurando saber se elas precisam de mais orientações e apoio para fazer o que você espera deles.

Reavalie de quanto controle ainda precisa, sobretudo no caso da menina de 12 anos, que está tentando manifestar mais individualidade. Procure maneiras de criar uma atmosfera mais relaxada e feliz com muitas risadas, abraços, estímulo e amor por eles, só por serem quem são.

APOIO OU PERMISSIVIDADE

Pergunta:
Como saber a partir de onde o apoio prestado a um filho imaturo se torna um estímulo para que ele continue imaturo?

Resposta:
É muito difícil descrever em termos gerais como determinar a partir de onde o apoio se torna permissividade. Principalmente porque desconheço a idade de seu filho e o contexto do comportamento em questão. O fundamental é determinar de que grau de autonomia seu filho é capaz, e ter certeza de que seu apoio lhe dá os meios para avançar em direção à ação e à responsabilidade. É uma questão de o coração dar amor onde e como a mente entende que o amor é mais necessário. Evidentemente, uma mesma ação,

como prover casa e comida, pode ser apoiadora se seu filho tiver 12 anos ou permissiva se ele tiver 35. Se seu filho estiver preparado e capacitado para fazer alguma coisa por si mesmo, mas sua intervenção impedi-lo de assumir esse passo de independência, então sua ação será permissiva. Por outro lado, não devemos nos apressar a considerar alguma ação permissiva. Em circunstâncias especiais, ajudar um filho de 35 anos com casa e comida ainda pode ser um apoio. Por exemplo, se ele acabou de se divorciar ou estiver se recuperando de uma doença grave e essa ajuda adicional contribuir para que ele recupere energias e recursos para se colocar de pé mais rápido, essa será uma ação apoiadora. Criar filhos é um caminho espiritual bonito e desafiador, que exige constantemente a busca de um equilíbrio cada vez maior de coração e mente em tudo o que fazemos.

CRIANÇA TEMPERAMENTAL

Pergunta:
Gostaria de pedir seu conselho sobre como criar um menino de 4 anos que vem de uma família de pessoas temperamentais e impacientes. Ele copia tudo o que vê e é muito dispersivo. Contudo, aprende muito depressa! O que me preocupa é que ele já está começando o tiranizar a mãe e a avó e a ter um temperamento desagradável. Grande parte de seu comportamento é causado pelo ambiente doméstico. Eu sei disso. Sei que criar uma criança não depende somente da natureza dela, mas também da maneira como é orientada, mas como posso ensinar "truques novos a cachorros velhos", ou seja, à minha família e também a mim? Eu gostaria que ele visse a vida com calma e paz.

Resposta:
O segredo de criar filhos é ser capaz de exemplificar o comportamento que você deseja ver na criança. Sua preocupação pelo fato de todos na família serem temperamentais e de o menino estar se tornando agressivo é compreensível. Como é improvável que toda a família mude, você pode começar por mostrar à criança como manifestar sentimentos intensos sem gritar e sem desrespeitar os outros. O garoto precisa ver na família que não é preciso exagerar o comportamento e gritar para ser ouvido. E é importante que ele entenda que existem limites apropriados para expressar qualquer coisa de uma forma mais satisfatória e mais eficaz do que sua maneira atual.

Por meio de sua interação com seu parceiro, você pode mostrar à criança como alguém consegue manifestar sentimentos intensos e se acalmar de imediato e completamente sem guardar ressentimentos e raiva.

Se algum desses comportamentos não for natural para você e outros membros de sua família, veja a criação desse menino como um sinal da natureza de que está na hora de aprender a agir dessa forma, para o seu bem e para o bem da criança. Qualquer livro sobre comunicação não violenta pode ajudá-la nessa questão.

AUTODESCOBRIMENTO

Pergunta:
Tenho 60 anos e sou mãe de uma moça de 32, uma médica competente, mas profundamente infeliz. Não sei se a raiz do sofrimento dela é o fato de ter nascido no Oriente e ter sido

criada no Ocidente. Estou procurando desesperadamente uma maneira de ajudá-la a se encontrar, mas não sei como fazê-lo. Por favor, me dê alguma orientação.

Resposta:
É natural a mãe de um adulto infeliz culpar-se ou culpar as condições nas quais a criança foi criada. No entanto, crianças com a mesma condição de infância de sua filha tornam-se adultos felizes e bem ajustados. Além disso, certamente muitas crianças nascidas no Oriente e criadas também no Oriente se tornam adultos infelizes.

Portanto, a infelicidade de sua filha não é causada por seu local de crescimento. Será bom você reconhecer que ela tem o próprio caminho de autodescobrimento e que as emoções e a perspectiva de vida de sua filha fazem parte da jornada dela. Você pode apoiá-la e amá-la, aconselhando-a quando ela pedir conselhos, mas, em última análise, esse é o caminho dela, e você precisa aceitar e confiar no processo.

A LUTA DOS PAIS

Pergunta:
Quando se trata de criar meu filho de 16 anos, estou com dificuldade para entender o conceito de aceitar as coisas como são. Ele está dependente de maconha. No ano passado, nós o mandamos para uma clínica de reabilitação porque ele começou a usar cocaína. Ele nunca se convenceu de que a maconha causa dependência e prejudica a saúde. Tentei explicar a ele em diversas ocasiões que, na melhor das hipóteses, essa droga causa dependência social e faz mal. Ele é uma criança inteligente, mas suas notas na escola são deploráveis.

Sei que no fundo ele é um indivíduo gentil e caloroso, mas na superfície ele parece insensível e indiferente aos efeitos de seu comportamento sobre outros, principalmente sobre seus pais! Este ano, ele quis entrar para uma equipe de luta livre e nós permitimos, na esperança de que isso o tornasse mais preocupado com a saúde. Além disso, para fazer parte da equipe ele precisa melhorar o desempenho escolar. Ele é aceito nos treinos e frequenta as competições, mas é marginalizado. Não vi melhora nos resultados na escola, e parece que ele faz apenas o suficiente para frequentar a equipe, mas não o bastante para se tornar membro efetivo.

A mãe dele e eu quase sempre estamos em polos opostos do espectro da criação de filhos. Ele viveu com a mãe a vida toda e só recentemente passou a ficar comigo alguns dias por semana. Nas duas últimas semanas, ele não tem vindo muito, e isso parece coincidir com um novo interesse em usar drogas com mais frequência. Sempre fui mais rígido em termos de disciplina, portanto parece que ele foge de mim sempre que se comporta de um modo que reprovo. Nos últimos tempos, a mãe começou a se preocupar mais com os comportamentos dele, mas muitas vezes não tem a energia necessária para impor disciplina e/ou tentar ajudá-lo a romper com esses padrões pouco saudáveis.

Da minha parte, comecei a meditar há seis semanas, e descobri que isso me ajuda a avaliar melhor minhas próprias escolhas. Descobri que prefiro ser menos crítico quando falo com ele, mas internamente fico ansioso. Tenho dificuldade com a relevância de meu papel na vida dele, com a falta de respeito dele por mim e com seu desprezo por minhas preocupações por ele e por seu futuro. Tenho procurado não me deixar envolver emocionalmente com cada comportamento e atitude dele, mas não estou conseguindo evitar isso. Sinto que ele é o único elemento em minha vida no qual invisto minhas emoções mais profundas. Sei que desempenhamos muitos papéis, mas na qualidade de pai acho que esse é meu papel mais importante e com o qual sinto que luto para manter uma percepção de quem sou, sem me deixar consumir emocionalmente ou, no extremo oposto, desistir dele. Moro onde moro apenas para ficar perto de meu filho; não tenho outros parentes na região. Portanto, não tenho a sensação de ter raízes onde moro, o que torna meu papel de pai o único motivo para viver onde vivo.

Minha dúvida é: como ser pai e ao mesmo tempo aceitar as coisas como são? Em outras palavras, devo permitir que meu filho tome as próprias decisões na esperança de que ele encontre o próprio caminho, ou seja, devo ignorar as decisões dele e agir como se nada estivesse errado, ou devo interferir, impor disciplina quando possível e ficar firme no que acredito ser o melhor para ele? Isso com certeza vai significar não tê-lo por perto e aumentar meu sentimento de estar distante dele.

Resposta:

Ser um guia responsável para os filhos e ao mesmo tempo reconhecer as limitações do próprio poder sobre eles, principalmente quando eles se aproximam da idade adulta, é um dilema vivido por todo pai e mãe conscientes. Aprender a caminhar com segurança nessa corda bamba também faz parte do seu crescimento espiritual. Portanto, minha primeira afirmativa é de que você não está fazendo nada errado. Lidar com um adolescente é difícil, e quando a isso se somam uma dependência de drogas e uma vida com pais separados, as coisas ficam ainda mais complicadas. Contudo, essa é sua realidade, e é por aí que você deve começar.

Você mencionou que seu filho não reconhece que tem um problema, portanto a reabilitação não vai ajudar porque ele não se envolve no processo. Localize um mentor ou figura respeitada que possa conversar com ele e fazê-lo ver que alterar quimicamente sua percepção não o ajudará a longo prazo. Pode ser um médico, o treinador da equipe de luta ou um tio. Quando ele entender por si mesmo que precisa de ajuda, então você poderá dar qualquer apoio que o auxilie a ficar sóbrio.

Também me ocorre a ideia de que seu filho parece não ter uma experiência essencial que o ajude na transição para a vida adulta. Joseph Campbell falou sobre a importância dos ritos de passagem para ajudar os meninos a fazerem a transição para a condição de homens; o papel desses ritos é ajudá-los a direcionar as poderosas energias e emoções dessa fase da vida, transformando-as em fins produtivos e criativos. Se não houver eventos definidores que ajudem a criança a recriar seu Ser em evolução, ela se sente perdida, sem objetivo, deprimida e muitas vezes autodestrutiva. Sinto que seu filho precisa de alguma coisa dessa ordem para ajudá-lo a consolidar as energias e direcioná-las para um fim gratificante. Pode ser algo tão simples quanto levá-lo a uma expedição para acampar na natureza selvagem, onde você tenha a oportunidade de ensinar-lhe coisas e conversar com ele de homem para homem. Se você achar que seu relacionamento já deteriorou demais para isso, talvez ele possa fazer uma viagem como essa sozinho ou com outro mentor do sexo masculino. Não é preciso fazer dessa viagem a busca de uma visão. Você pode criar qualquer tipo de cerimônia de iniciação que considere mais adequada para ele.

É bom você estar aprendendo a meditar e praticar conscientemente um estado de equanimidade. Não faz mal se parecer que você está perdendo mais batalhas do que ganhando. O crescimento ocorre pela simples atenção de perceber sua reação, e não pelo fato de ter controle sobre ela. Fique com isso e você ajudará seu filho, tanto quanto é possível para qualquer pai, além de descobrir um conhecimento essencial sobre si mesmo. Os corações de todos os pais estão com você nessa situação.

7
Puro amor

AMOR VERDADEIRO

Pergunta:
Sempre fico intrigado com a frase: "O amor não é definido por nossos sentimentos e comportamentos, mas por nosso nível de consciência." Francamente, não consigo entender o significado dessa citação desde que a li pela primeira vez há mais de um ano. Você poderia ter a gentileza de explicar seu significado para mim?

Também quero perguntar o que é o amor verdadeiro (amor pelo companheiro de sua vida)? Ele pode mudar com o tempo? Se isso acontecer, então ele será mesmo amor verdadeiro? Talvez eu tenha definido incorretamente o amor na minha vida e talvez seja essa a razão pela qual sofro emocionalmente.

Resposta:
Nossos conceitos sobre o amor são tão condicionados pelas histórias e pelas canções românticas que fica difícil vê-lo de uma maneira mais universal. Ao dizer que o amor é o nível de consciência em que vivemos, tento demonstrar que ele é muito mais do que uma emoção ou uma interação social. O amor é o poder da vida em nós que nos permite estabelecer

conexões e uniões com os outros, transcendendo nossos interesses egoístas. Esse poder de unir depende da profundidade de nossa consciência. Quanto mais autoconscientes somos, maior a nossa capacidade para amar, seja o objeto do amor uma criança, um parceiro, a natureza ou Deus. Nesse sentido, todo amor é amor verdadeiro. Uma paixão de uma semana pela colega do jardim de infância que se senta ao nosso lado pode ser amor verdadeiro, uma vez que pode fazer-nos sair de nosso mundo autocentrado e pensar em termos de um mundo mais vasto, que inclui mais alguém.

AMOR PURO

Pergunta:
Se no fim da jornada o encontro com Deus significa experimentar amor puro por toda criatura viva, como é possível ter um relacionamento amoroso com a esposa, o marido ou os filhos no qual, haja o que houver, sempre estará presente uma forma de apego? Se restar a menor forma de apego, a completa realização ou o despertar não é alcançado. É possível chegar a esse passo final enquanto ainda sentimos algo "diferente" por alguém em particular?

Resposta:
O amor universal e divino não se limita a um sentimento abstrato de amor por Deus ou pela Natureza. O amor individual pelo marido ou pela esposa pode expressar a infinitude do amor universal. Isso é parte do milagre do amor — que o relacionamento finito possa expressar a totalidade de nosso amor por Deus. Ser casado e ter uma família não resulta na impossibilidade de seu amor crescer

e transcender o apego. Os videntes mais iluminados dos vedas eram casados e tinham filhos. Podemos alcançar a consciência de unidade e ainda manter todas as nossas ligações de amor pela família e pelos amigos. Nesse caso, os limites específicos de nossa vida — o corpo, a personalidade, os relacionamentos — tornam-se o veículo para expressar e viver o infinito no mundo.

DAR AMOR

Pergunta:
Você recomenda "oferecer" uma prece silenciosa às pessoas que encontramos, desejando-lhes mentalmente saúde, riqueza e felicidade. Acho difícil estampar essas palavras na tela de minha mente, portanto simplesmente tenho uma impressão/intenção difusa desses sentimentos para com as pessoas. E isso geralmente resulta numa sensação agradável na região do coração. Isso é suficiente? Além disso, esses sentimentos serão manifestados na vida de quem os recebe e também em minha vida se forem realmente dados com amor e a melhor das intenções?

Resposta:
Sua maneira de dar essa bênção silenciosa aos outros é perfeita. Sim, essas intenções serão manifestadas na vida dos outros até certo ponto. É maravilhoso que você reconheça como isso faz bem ao coração porque você pode ver que dar amor aos outros não só espalha mais amor a seu redor, mas também cria mais amor dentro de você e faz de você uma pessoa mais amorosa.

SERVIR À HUMANIDADE

Pergunta:
O que significa exatamente servir à humanidade? Alguns exemplos parecem mais evidentes que outros. Servir alimento a quem tem fome, cuidar dos doentes... tudo isso parece óbvio. Contudo, como podemos servir à humanidade, por exemplo, compondo músicas? Ou corrigindo programas de computador?

Resposta:
A música é uma maneira maravilhosa de ajudar os outros. Servimos à humanidade por meio da música quando a linda música que criamos eleva os espíritos dos que a ouvem. Contribuímos para o bem-estar do mundo em nosso trabalho diário quando realizamos nossas tarefas com excelência, com amor e com a intenção de melhorar as vidas alheias. Dessa forma, cada um de nós sustenta a integridade de nosso pequeno fio no tecido da existência cósmica, e dessa forma cada fio serve para fortalecer o todo.

AMOR PESSOAL

Pergunta:
O amor pessoal é uma ilusão, não só no nível da personalidade, mas também no nível do carma? Mesmo que existam fortes ligações entre certas almas, não é a ilusão de um amor "especial" o que nos mantém separados? Se o amor universal é Jiva percebendo sua natureza como Atman, não será o amor pessoal um canto da sereia, uma

armadilha no caminho? Nesse caso, podemos fazer alguma coisa para evitá-lo?

Resposta:
O amor pessoal não é algo que devemos evitar para superar a dualidade. Na verdade, o amor é o meio pelo qual reduzimos o fosso entre o Ser maior e os outros seres. O amor pessoal é o valor focalizado e concentrado do amor abstrato e ilimitado. Ele só é uma ilusão se no relacionamento deixarmos de perceber o valor universal e abrangente do amor. Na tradição védica, assim como em muitas outras culturas sagradas, os indivíduos aprendem a ver o divino e o universal em todo relacionamento de amor. As crianças aprendem a ver os pais e os mais velhos como Deus. Os casais são estimulados a ver o parceiro como Deus. O convidado e um estranho desvalido devem ser tratados como Deus. A expressão "namastê" é o reconhecimento da divindade na outra pessoa. Se tentarmos interromper o fluxo de sentimento em nossas relações interpessoais com o objetivo de superar a ilusão, tornaremos a vida muito árida e sem expressão, e só conseguiremos substituir um conceito limitado por outro. O fluxo do amor na vida pessoal é natural e saudável, e pode se tornar parte de uma iluminação espiritual feliz e gratificante.

O UNIVERSO QUE REFLETE NOSSO ESTADO INTERIOR

Pergunta:
Não é verdade que quanto mais conseguirmos nos ver com clareza como realmente somos e quanto mais amarmos, respeitarmos, aceitarmos, valorizarmos e apreciarmos a nós

mesmos, mais o universo apoiará essa realidade e nos dará o mesmo nível de amor?

Resposta:
Como consequência da relação íntima entre o microcosmo e o macrocosmo, o cosmos sempre refletirá de volta para nós o nosso estado interior. Quanto mais amor descobrirmos dentro de nós, mais amor será refletido de volta pelo meio ambiente por meio dos outros.

AMOR UNIVERSAL

Pergunta:
Todo livro espiritual e todas as principais religiões afirmam que somos todos um, e devemos amar-nos uns aos outros. Isso significa que não deveríamos amar alguém mais do que os outros? É um erro que eu ame minha mãe mais do que amo a mãe de minha amiga, por exemplo?

Resposta:
Não há nada de errado nisso. Amar sua mãe mais do que você ama a mãe de sua amiga é a coisa mais natural do mundo. O ensinamento do amor universal não pretende substituir as ligações pessoais de afeto que temos com pessoas especiais. Ele quer enfatizar a conexão essencial de amor que todos compartilhamos no âmago de nossa humanidade. Essa conexão básica que todos compartilhamos deveria pelo menos orientar todo o nosso comportamento para com os outros. Contudo, os relacionamentos estreitos e íntimos que criamos na vida podem ir muito além desse mínimo de amor universal que sentimos por todos.

ÓDIO E CRUELDADE

Pergunta:

Como entender o sentido do ódio, da crueldade e do sofrimento? Gostaria de acreditar que aqueles que cometem atos de ódio (grupos como a Ku Klux Klan) e aqueles que abrigam e manifestam pensamentos poderosos de ódio (racistas e outros) serão punidos, mas é difícil acreditar nisso porque muita gente parece se dar bem fazendo ou dizendo coisas horríveis e cruéis. O que me surpreende é que eles conseguem racionalizar esse comportamento e não sentir culpa. Essas pessoas, de certa forma, se detestam e projetam esse sentimento para fora? Algum dia esses indivíduos pagarão pelo que fazem ou pregam? Às vezes sou dominado pela tristeza e não sei como entender todo o ódio que existe no mundo.

Resposta:

Acredito que o ódio e a crueldade são filhos da ignorância, portanto é difícil entendê-los de outra maneira, porque a ignorância não é inteligente. No entanto, os atos praticados por ignorância, como todos os atos, trazem consequências inevitáveis para seus perpetradores. Portanto, não há leniência para com os autores de ações abomináveis. Em vez de se preocupar com o castigo para os atos dessas pessoas, é melhor se concentrar em expandir a luz do conhecimento e do amor, para que haja menos ignorância e menos ódio no mundo.

ENTREGA

Pergunta:
Como podemos manter nossos desejos sem sermos egoístas? Imagino que a resposta a essa questão traga alguma informação que me ajude a entender melhor a resignação em comparação com a entrega.

Resposta:
Vejo a entrega como a suprema realização do desejo, e não como sua supressão. No fundo de cada pequeno desejo do ego existe uma alma em busca da felicidade, da liberdade e da totalidade. Quando realmente nos entregamos em amor, abrimos mão de todos os pequenos desejos para nos unirmos com a totalidade do desejo de nosso coração. É como um rio que corre para o oceano. Ele está abrindo mão de seu sentido limitado de Ser e de seus valores para adquirir sua condição realmente ilimitada, para a qual sempre se dirigiu. Nesse estado de entrega, não existe apego ou egoísmo — nossos desejos são os desejos do ser amado, e as necessidades dele são as nossas necessidades.

AMOR DIVINO

Pergunta:
Em uma de suas listas de perguntas e respostas, você afirma: "Para viver completamente aquele amor divino, você precisa se tornar aquele amor, compreendendo sua verdadeira natureza." O que significa e como podemos fazer isso? O processo é o mesmo para todos? Se alguém nunca conheceu o amor, como pode obter algo que não existe em seu universo?

Resposta:
Você compreende sua verdadeira natureza pela prática da meditação em que você experimenta diretamente aquela inteligência não localizada como sua essência. Os detalhes desse processo diferem de pessoa para pessoa, de acordo com a história do indivíduo, mas o mecanismo subjacente de transformação é o mesmo para todos. Os exercícios de cura que descrevi em diversos livros e fitas são ferramentas que ajudam a alcançar esse despertar divino do coração.

EMOÇÕES DOMINANTES

Pergunta:
Toda vez que me surpreendo pensando sobre Deus ou rezando, seja numa reunião religiosa, seja sozinho, sou dominado por essa emoção poderosa e intensa que envolve muitos sentimentos: humildade, desespero, assombro, amor e muito mais que não consigo descrever. Como resultado, choro convulsivamente. É quase como se estivesse perdido e a conexão com Deus me desse essa visão poderosa que domina todos os meus sentidos. Até quando eu estava lendo as comunicações em seu fórum, experimentei a mesma emoção poderosa e comecei a soluçar. Parece que alguma coisa dentro de mim desperta toda vez que fico introspectivo. Você pode explicar por que isso acontece?

Resposta:
Parece que você está se conectando com um nível profundo de amor divino e compreensão. Os poderosos sentimentos de amor e assombro são típicos da condição em que o coração aprende a se sintonizar com o amor e o conhecimento

universais. Ao mesmo tempo, isso pode deflagrar uma cura profunda do sofrimento emocional enraizado, e essa reação de cura é responsável pelos sentimentos poderosos de desespero e de tristeza que também surgem. Apenas tenha tolerância consigo mesmo sem encorajar os sentimentos de tristeza e desolação, e eles irão se dissipar com o tempo, à medida que os velhos traumas forem curados.

Quando você se acostumar com os outros impulsos de amor e encantamento, já não sentirá mais que é dominado por eles, e logo os reconhecerá como vertentes naturais de seu próprio coração.

Sobre Deepak Chopra

Deepak Chopra é médico, e escreveu mais de 65 livros, inclusive diversos best-sellers da lista de campeões de venda do *New York Times*. Suas especialidades médicas são clínica geral e endocrinologia, e ele é membro do American College of Physicians, da American Association of Clinical Endocrinologists, além de professor adjunto do programa para executivos da Kellogg School of Management na Northwestern University. Deepak Chopra também recebeu os títulos de Distinguished Executive Scholar na Columbia Business School, na Columbia University, e de Senior Scientist na Gallup Organization. Durante mais de dez anos, Chopra foi conferencista no evento anual Update in Internal Medicine, do Departamento de Extensão da Harvard Medical School e do Departmento de Medicina do Beth Israel Deaconess Medical Center.

Para se conectar com Deepak Chopra

Página da internet:
http://www.deepakchopra.com/

Blog no *Huffington Post*:
http://www.huffingtonpost.com/deepak-chopra/

Facebook:
https://www.facebook.com/DeepakChopraCommunity?ref=ts&fref=ts

Twitter:
https://twitter.com/DeepakChopra

Este livro foi composto na tipologia Minion Pro
Regular, em corpo 11,5/15, e impresso em papel
off-white no Sistema Cameron da Divisão
Gráfica da Distribuidora Record.